공부 잘하는 아이의
부모 되기

공부 잘하는 아이의 부모 되기

일본 교육 100년의 선택

이정숙 지음

앨피

대학이 '선택'이 되기까지… 그 고난의 100년

　나에게는 고등학교 3학년 딸이 있다. 일본에서 아이를 키우면서 인상 깊었던 것은, 각 가정의 교육 방침이나 부모들의 교육 의식이 매우 다양하다는 것이다. 아이가 아장아장 걷기 시작할 때부터 조기 교육에 힘쓰는 가정이 있는가 하면, 아이가 남에게 피해를 주지 않고 건강하게만 자란다면 상관없다는 가정도 있다.

　딸이 다닌 중학교는 재개발 아파트 지역의 샐러리맨 가정 아이들과, 소규모 가게를 운영하는 가정의 아이들이 많았다. 일본은 가업으로 대대로 가게를 이어받는 경우가 많아서 아이가 공부에 그다지 관심이 없으면 고등학교를 졸업하고 일찌감치 가게 일을 시작한다. 그 때문인지 근처 공립고등학교에서는 대학에 진학하는 아이들이 거의 없다. 가게를 운영하지 않는 가정의 아이들도 공부에 그다지 흥미가 없으면 기술을 익히는 편이 낫다고 보고 일찌감치 전문학교

를 선택한다. 물론 일류 대학을 나오면 좋다는 인식은 있지만, 한국
처럼 대다수 가정이 대학 입시에 목을 매지는 않는다.

그렇다면 일본 학생들은 '입시 경쟁'에서 자유로울까? 그렇지 않
다. 내가 일본에서 가장 놀란 것이 바로 초등학교 때부터 '입시'가 선
택 사항이라는 것이다.

* * *

일본에서는 유명 초등학교에 아이를 입학시키려고 입시를 준비
하는 가정이 꽤 있다. 유명 초등학교에 들어가면 같은 재단에 소속
된 중학교와 고등학교를 거쳐, 잘하면 대학까지도 시험을 치르지 않
고 입학할 수 있다. 이러한 시스템을 '에스컬레이트식 진학'이라고
한다. 편안하게 목적지까지 올라갈 수 있다고 해서 붙여진 이름이
다. 에스컬레이트식 진학이 가능한 유명 초등학교에 들어가려고 어
린아이들이 초등학교 입시 전문 유아교육학원에 다닌다. 물론 그중
에서 입학에 성공하는 아이는 아주 소수에 불과하다.

초등학교 입시 전문 유아교육학원에 다니는 아이들은 대부분 일

본에서 초엘리트층 자녀들이다. 흥미로운 점은, 많은 부모들이 자기 아이가 입시 전문 유아교육학원에 다니는 사실을 비밀에 부친다는 것이다.

사립초등학교 중에서 가장 역사가 깊고 부모들이 가장 동경하는 학교는 '게이오기쥬쿠유치사慶応義塾幼稚舎'이다(1874년 '와다쥬쿠和田塾'라는 이름으로 개교). 이 학교에 입학할 수 있는 아이들은, 부모가 게이오초등학교 출신이거나 형제가 이미 이 학교에 다니고 있는 경우, 대기업 경영자·정치가·저명인사 등 학교에 도움이 될 만한 사람들의 자녀다. 게이오초등학교 학생 중에는 집안이 대대로 그 학교 출신인 경우가 많다. 물론, 아이의 능력도 평가하므로 시험을 잘 치러야 하지만 그보다 더 중요한 것이 가정환경이다.

이런 학교에서 내 아이를 교육시키고 싶다는 부모들의 욕심이 초등학교 입시율을 올린다. 초등학교 입시를 치를 것인지 결정하는 것은 100퍼센트 부모의 선택이며, 할머니·할아버지의 의지가 영향을 미치기도 한다. 조부모들이 손자도 자기 자식처럼 유명 사립초등학교를 다니기를 원하는 것이다.

1994년, 아이를 유명 사립초등학교에 입학시키려고 분투하는 샐러리맨 가족 이야기를 그린 드라마 〈스위트홈〉이 일본에서 큰 인기를 끌었다. 〈스위트홈〉은 북해도에서 도쿄로 이사 온 가족이 아이를 사립유치원에 입학시켰다가, 유치원 분위기에 휩쓸려 초등학교 입시 준비 학원을 보내면서 겪는 이야기를 다루었다. 이 드라마로 초등학교 입시가 화제가 되었으나, 실제로는 경제적·문화적 여건상 초등학교 입시에 뛰어드는 사람은 많지 않다. 일본에서 가장 인구가 많은 도쿄의 경우에도 약 5퍼센트에 불과하다.

* * *

초등학교 입시에 참가하지 못한 가정이 다음 목표로 삼는 것이 중학교 입시다. 시험을 치르고 들어가는 유명 중학교에 입학하면, 유명 사립초등학교와 마찬가지로 고등학교 혹은 대학까지도 그대로 진학할 수 있기 때문이다. 중학교는 시험 성적만으로 들어갈 수 있어서 초등학교 입시보다는 경제·문화자본이 덜 작용한다. 아이의 능력 외에 부모의 경제적·문화적 자원이 합격 여부에 많은 영향을 끼치는 초등학교 입시와 달리, 중학교 입시는 대부분 본인의 실력이 당락을 좌우한다. 물론 유명 중학교에 입학하려면 학교에서 최고 수준의 성적을 받아야 한다. 부모들은 자녀가 이렇게 힘든 중학교 입시를 하지 않게 하려고 초등학교 입시에 필사적으로 매달리는 것이다.

아이가 초등학교 3,4학년이 되면 어머니들 사이에서 중학교 입시가 자연스레 화제가 된다. 아버지들도 마찬가지다. 회사에서도 아이들 중학교 입시가 큰 관심거리다. 초등학교 입시보다는 덜하지만 중학교 입시도 지역과 출신 계층별 차이를 보인다. 도쿄 안에서도 학생의 30퍼센트 이상이 중학교 입시를 준비하는 지역이 있고, 10퍼센트 전후만 준비하는 지역도 있다. 초등학교만큼은 아니지만 경제적·문화적 차이가 작용하는 것이다.

중학교 입시 준비는 초등학교 4학년부터 시작하고, 학생들은 대개 입시 전문 쥬쿠(학원)를 다닌다. 초등학생이 입시를 준비하는 것은 쉬운 일이 아니다. 시험문제도 학교에서 배우는 수준보다 훨씬 높아서 부모들이 풀기 어려운 문제도 많다. 학원 숙제도 항상 봐줘야 하고, 아이가 학원 공부를 따라가지 못해서 가정교사를 따로 두는 가정도 있다. 중학교 입시 역시 부모의 입시인 것이다. 쥬쿠에만 맡긴다고 될 일이 아니다.

유명 사립중학교에 가기 위해 노력했으나 시험에서 떨어져 공립중학교를 다니게 된 아이들 중에는 좌절감에 빠져 우울증에 걸리거나 학교를 가지 않는 등 후유증에 시달리는 아이들도 있다.

초등학교, 중학교 모두 공립학교를 다닌 아이들은 '고등학교 입시'에서 또 한 번 선택의 기로에 선다. 부모들은 아이를 사립고등학교에 보낼지, 공립고등학교에 보낼지 고민하게 된다. 경제적으로 여유가 있는 가정은 아이가 공부를 잘하면 유명 사립고등학교에 보내고, 아이가 공부를 잘하지 못하더라도 실력에 맞는 사립고등학교에 보내고 싶어 한다. 사립학교가 아이들 공부도 좀 더 신경 써서 가르치고, 그 외 체험·인성교육 등 다양한 교육 시스템을 갖추고 있기 때문이다. 내 딸도 사립고등학교에 진학했다.

그리고 마지막은 대학 입시다. 2011년 일본의 대학 진학률을 보면 4년제 대학 48.2퍼센트, 2년제 단기대학 5.8퍼센트, 전문학교 16.0퍼센트이다.

* * *

이처럼 일본에서는 부모의 경제적·문화적 역량에 따라 자녀들이 가는 길이 일찌감치 나눠지며, 부모들은 이러한 차이를 큰 저항

없이 받아들인다. 일본의 부모들은 문화적 · 경제적 차이는 어쩔 수 없는 일로 받아들이고, 입시 경쟁에 뛰어들지 못했다고 해서 내 자식이 불행하다고 생각하지 않는다. 각자 주어진 상황에서 노력해서 행복을 찾으면 된다는 것이다.

물론 가정환경에 따른 교육격차 심화를 우려하고 비판하는 목소리도 있지만, 그에 대해 반발하고 불만을 털어놓는 사람은 많지 않다. 한국에서 자녀를 키우는 부모들은 이런 일본 부모들을 잘 이해하지 못한다. 이러한 일본의 교육 의식과 가치관은 어떻게 형성되었을까?

현재 한국과 일본의 교육제도는 다른 듯 닮은 점이 많다. 일본도 '입시전쟁' '입시지옥'이라는 말이 나올 정도로 온 사회가 극심한 입시 경쟁으로 홍역을 치렀고, 이후 학교폭력 · 이지메 · 부등교 문제가 심각한 사회문제로 대두되었다. 현재 한국의 대학 입시를 향한 뜨거운 교육열은, 1970년대 일본 대학 입시 경쟁과 매우 유사한 양상을 보이고 있다.

지난 100년간 일본 교육제도와 그에 따른 교육 의식의 변화 과정을 보면, 좋은 대학에 가는 것이 장래의 행복을 보장받는 것이라는 의식이 형성되고 지배하는 과정이었다. 당연히 교육의 최종 목표는 사회에서 인정받을 수 있는 좋은 대학에 들어가는 것이었다. '좋은 대학만 나오면 장래가 보장된다', 즉 '대학 문은 취업의 입구'였던 것이다. 그 꿈이 무너진 뒤 일본 교육이 걸어온 길은, 현재 한국 교육에 시사하는 바가 크다.

나는 이 책에서 일본의 사회 경제적 변화와 그에 따른 교육정책을 분석하여, 일본의 교육 문제와 부모들의 교육 의식이 어떻게 형성되고 변화했는지를 살펴보고자 했다. 현재 한국의 교육 문제를 고민하는 연구자들, 자식 교육 문제로 고민에 빠진 부모들이 한 걸음 떨어져 객관적으로 한국 교육을 바라보고, 진정 아이들을 위한 교육이 무엇인지 고민하는 데 이 책이 작은 도움이 되었으면 하는 바람이다.

2014년 3월

일본 가와사키에서

이정숙

차례

머리말 대학이 '선택'이 되기까지… 그 고난의 100년 4

1장 '교육하는 가족'의 탄생

최초의 자녀 교육서, 《내 자식 교육》 20
자식 농사 성공 모델 | '완벽한 아이' 만들기 | 의사이자 교사인 부모

신중산층 출현과 학력시대의 개막 28
샐러리맨의 탄생 | 엘리트의 자격 조건
| 기업이 주도한 학력 중시 채용

입시전쟁의 시작 37
고등교육의 확대 | 일류 대학 입학은 일류 중학교부터
| 신중산층의 뜨거운 교육열

근대적 어머니 '복도의 참새' 45
'좋은 아내'에서 '좋은 어머니'로 | 여성 교론론의 변화
| 바람직한 주부의 조건, 고등여학교 졸업 | 신중산층 어머니의 교육
| 도시 하층 가정의 교육
*바른 수험생 시나리오 46

공황과 전쟁 58
대졸자 취업난

2장 교육열의 대중화와 양극화

패전 후 도시 사회의 변화 62
지방으로 떠나는 실업자들

1퍼센트 교육 / 99퍼센트 교육 65
의무교육 확대 | 교육열의 양극화
＊유명 대학 부속학교에 입학하려면⋯ 70

중산층의 과잉 교육 72
심리학에 빠진 어머니들 | 각종 학원의 성행

노동하는 아이들 77
"다시 한 번 부모가 되자"
＊사회계층별 가정교육의 특징 81

학력 지향 의식의 확대 82
시키고 싶지만 시킬 수 없다

3장 교육 마마

고도성장이 낳은 소비사회의 풍경 86
산업기술혁명의 눈부신 발전 | 텔레비전과 자동차에 빠진 사람들
| 중산층 90퍼센트 시대

패자부활전 없는 사회 97
능력주의 교육 도입 | 중졸자 인기의 명암
＊황금알들의 집단 취직 104

'학력주의'의 형성 108
일제고사 시행과 고교 서열화 | 학력은 출세의 지름길

새로운 어머니들 '교육 마마' 115
교육 마마의 교육 의식 | 아이 성적은 부모 책임
| 완벽한 어머니를 원하는 사회
＊교육 마마의 고민 124

4장 아이들의 반란

경쟁 체제의 심화 128
노동시장 변화의 충격 | 입시 경쟁의 정점, 대학 | 서열화된 아이들
| 버블경제의 그늘

유치원에서 대학까지 광범위해진 입시 경쟁 136
입시 관련 기사의 폭증 | 불안한 부모들

비난받는 어머니들 141
'사회악'이 된 교육 마마 | 입시전쟁이 빚은 참극
＊수험전사 양성 프로젝트 《순수한 전사들》 147

무너지는 교실 – 학교폭력, 이지메, 부등교 152
선생님을 때리는 아이들 | 교칙 강화의 부작용
| '빡빡머리' 교칙 재판 | 학생들 사이의 폭력, 이지메
| 초등학교의 학급붕괴 | 부등교, 학교에 가지 않는 아이들
| 등교 거부에 대한 인식의 전환 | 학교를 믿지 못하는 부모들
＊도쓰카 요트스쿨 사건 178

5장 격차사회

계층의 재생산 182
노력보증사회의 종말 | 양극화되는 고용, 양극화되는 교육

유토리 교육과 학력 저하 논쟁 189
인성 중심으로, 공교육의 변신 | "공립학교는 이제 끝났다"
| 중학교 입시에 필요한 부모의 능력 | 중학교 입시의 역사
| 사립학교로 상징되는 '수준'
＊일본의 중학교 입시 현황 199

슈퍼맨 파파 211
"아빠의 능력을 보여 주마" | 아이와 공부로 소통하는 아버지
＊아버지를 위한 교육잡지 219

기업이 원하는 인재상 – '살아가는 힘'과 '인간력' 222
1996년 〈창조적 인재 제언〉 | 2004년 〈차세대 육성 제언〉
| '살아가는 힘'에서 '인간력人間力'으로

다시 가정교육으로 240
일본 정부의 정책적 개입 | 신보수주의 이데올로기의 영향
| 가정교육의 또 다른 얼굴

보론 교육격차 教育格差

어머니의 교육 태도 254

부모의 소득 격차와 자녀의 학력 격차 256

부모의 계층별 교육 의식 258

아버지의 학력과 자녀의 수입 261

사립/공립 진학 희망 학부모의 인식 차이 262

사립/공립의 교육비 격차 264

부모의 계층과 자녀의 학습 의욕 267

한국과 일본의 교육 의욕 비교 268

한·일 부모의 교육 태도와 자녀의 경쟁의식 비교 270

맺음말   너무 닮아서 외면하고 싶은 273
참고문헌

1장
'교육하는 가족'의 탄생

메이지유신~패전(1945)

> " 영양가가 충분한 음식을 소량으로 규칙적으로 먹여 대식가가 되지 않도록 해야 합니다. 많이 먹는 습관으로 위가 커지면 모든 혈액이 소화기로 가버리기 때문에 뇌가 텅텅 비어 뇌 활동이 둔해질 위험성이 있습니다. "

최초의 자녀 교육서,
《내 자식 교육》

저는 제 아이를 큰 인물로 키우려고 여러모로 주의를 기울였습니다. 적당한 운동이 태아에게 좋다고 하여, 임신했을 때 집에 가정부가 있었지만 청소나 바닥 닦는 일은 직접 했습니다. 또 정신을 맑게 해 주고 마음을 여유롭고 유쾌하게 만들어 주는 책과 영웅전을 골라 읽고, 죄악에 관한 내용이나 슬픈 내용의 책은 절대 읽지 않았습니다. 악에 물들기 쉬운 아이, 남을 의심하는 소인小人, 침울하고 우울한 성격의 아이를 낳을까 걱정스러웠거든요. 저는 이상적인 아이를 낳으려고 모든 면에 주의를 기울이고 신경을 썼습니다. 이렇게 노력해서 낳은 아이가 장남 이치로입니다. ─ 하토야마 하루코, 《내 자식 교육》

1919년, 한 권의 책이 일본 어머니 사회를 뒤흔들었다. 고등교육을 받고 자녀 교육에 관심이 있는 어머니라면 대부분 이 책을 읽었을 정도였다.

1년에 14쇄를 발행한 화제의 도서는 하토야마 하루코鳩山春子

(1861~1938)가 쓴 《내 자식 교육》이라는 자녀 교육서이다. 《내 자식 교육我が子の教育》은 일본 교육사에서 번역서가 아니라 일본 어머니가 쓴 첫 번째 교육론이라는 점에서 큰 의미가 있는 책이다. 그때까지만 해도 일본의 자녀 교육서는 모두 서양 책을 번역·출판한 것들이었다.

자식 농사 성공 모델

《내 자식 교육》이 인기를 끈 가장 큰 이유는, 저자인 하토야마의 아들들이 사회적으로 높은 학벌과 지위를 자랑하는 소위 '성공한 엘리트'였기 때문이다. 일본의 어머니들은 그런 아들들을 키워 낸 하토야마의 교육 노하우를 배우고 싶어 했다.

하토야마 하루코의 집안을 간단히 소개하면, 하토야마 본인은 교리쓰여자대학共立女子大學 창설자 중 한 사람으로서, 사범여학교를 졸업한 뒤 교편을 잡고 일본 여성 고등교육의 기반을 다지는 데 공헌한 교육자였다. 그녀의 남편 하토야마 카즈오鳩山和夫는 와세다대학 총장과 중의원 의장을 역임했고, 큰아들 하토야마 이치로鳩山一郎는 도쿄제국대학(현 도쿄대)을 나와 변호사로 활동하다가 중의원 의원을 거쳐 제52·53·54대 내각총리대신을 역임했다. 작은아들 하토야마 히데오鳩山秀夫도 도쿄제국대학을 졸업하고 법학자이자 변호사

로 활동했고 중의원 의원을 역임했다.(2009~2010년 제93대 일본 내
각총리대신을 지낸 하토야마 유키오鳩山由紀夫가 하루코의 증손자이다.)

하토야마의 아들들은 최고 학벌인 도쿄제국대학을 졸업하고《내
자식 교육》이 출판된 시기에 이미 중의원 의원·법학자라는 사회적
지위를 확보하고 있었다. 하토야마의 육아법과 교육법은 '자식 농사
성공 모델'이 되기에 충분했다.

1920년대 이상적인 자녀 교육의 전범으로서 일본 어머니들에게
구체적이고 실천적인 교육 방법을 제시했던 하토야마의 자식 교육
법은 어떤 내용이었을까?

'완벽한 아이' 만들기

아이를 낳으면 평소 자신이 생각해 온 이상적인 교육을 구현해 보겠
다고 마음먹은 하토야마는, 남편과 시어머니에게 "아이만은 제 생각
대로 키우게 해 주십시오. 그 외에는 무엇이든 말씀하시는 대로 따
르겠습니다"라고 부탁했다. 그만큼 자식을 '완벽한 아이'로 키우겠
다는 욕구가 대단했다.

하토야마의 교육은 아이가 뱃속에 있을 때부터 시작되었다. 그녀
는 아이들이 나쁜 습관을 갖지 않도록 특히 주의를 기울였다. '세 살
버릇 여든까지 간다'는 말처럼 태어나면서부터 아이의 습관이 형성

된다고 보았던 것이다.

아이들이 어릴 때 작은 의자를 만들어 앉히고, 아이들이 젓가락을 사용하기 시작할 무렵부터 항상 함께 식사를 했습니다. 앉는 자세를 고쳐 주고 나이프·포크 사용법부터 음식을 입에 넣은 채로 얘기하면 안 된다는 식사 예법까지, 모든 것을 옆에 붙어서 하나하나 가르쳤습니다. 식사 예법은 정서 발달, 신체 발달과 관련이 있을 뿐만 아니라 어른이 되어 사회에 나가 사람들과 교제할 때 그 사람이 성장해 온 가정환경을 가늠하는 척도가 됩니다. 그래서 식사 예법은 어릴 때부터 잘 가르쳐야 합니다.

하토야마는 아이들의 두뇌 발달에 도움이 되도록 식단에도 각별히 신경을 썼다. 그녀가 말하는 두뇌를 좋게 하는 식사법은 다음과 같다.

영양가가 충분한 음식을 소량으로 규칙적으로 먹여 대식가가 되지 않도록 해야 합니다. 많이 먹는 습관으로 위가 커지면 모든 혈액이 소화기로 가 버리기 때문에 뇌가 텅텅 비어 뇌 활동이 둔해질 위험성이 있습니다. 우리 아이들은 어릴 때부터 항상 부모와 함께 오랜 시간 천천히 식사했습니다. 천천히 식사를 하면 비교적 소량으로도 포만감을 느낄 수 있습니다. 식사가 끝난 뒤에는 과일이나 과자를 주었지만, 신경과민이 되지 않도록 예방하는 차원에서 열 살 전까지는 자극적인 음식물은 주지 않았습니다. 생수는 일절 금하고 1년 내내 보리차를 끓여 식혀 먹였습니다. 대식가로 키우지 않고 영양소가 충분한 음식을 먹인 것이 아이들의 머리가 좋아진 이유라고 생각합니다.

하토야마의 아이들은 머리가 좋기도 했지만 독특한 공부 방식으로 더 유명했다. 중학생 잡지인 《우등학생공부법優等學生勉强法》에 소개된 하토야마의 작은아들 히데오의 공부 방법을 보면, 중학교 때 아침 4시에 일어나 2시간 동안 예습을 한 뒤 아침을 먹고 등교하고, 방과 후 집에 돌아와서는 참고서나 자기가 좋아하는 책을 읽고 1시간 동안 운동을 한 뒤 8시에는 잠자리에 들었다고 한다. 이러한 공부법도 하토야마의 교육 방침에 따른 것이었다.

매일 새벽 3시 반에 아이들을 깨워 2시간씩 공부를 시켰습니다. 아이들이 어릴 때부터 매일 영어, 한자, 수학 문제를 직접 만들었습니다. 큰아들 이치로가 중학교 4학년이 되면서부터 1시간 이상 준비해서 한 문제를 만들어 놓으면 아이는 10분도 채 안 되어 문제를 풀어 버렸습니다. 매일 밤 두 아이의 영어, 한자, 수학 문제를 만드느라 예비 조사를 하고 새벽 3시 반에 아이들을 깨워 공부시켰습니다. 수면 부족으로 점차 몸이 여위자, 아이들이 이제부터는 공부가 더 어려워진다며 스스로 알아서 할테니 어머니는 충분히 주무시라고 권했습니다. 아이들의 말을 믿고 자택 공부를 폐지한 뒤, 아이들의 학교 성적이 예전보다 좋아졌습니다.

하토야마는 아이들의 공부방을 꾸미는 데도 공을 들였다.

아이들 방은 공기가 잘 통하고 햇볕이 잘 들도록 항상 남향으로 정했습니다. 어둑어둑하고 음침한 방에서 생활하면 불쾌감을 느끼고 활발하지 못한 습관이 생겨 까다롭고 비굴한 성격이 되기 쉬우며, 따라서 두뇌도 충분히 발달하지 못합니다.

그렇다고 하토야마가 아이들을 책상 앞에 앉혀 놓기만 한 것은 아니다. 하토야마 가족은 주말이면 함께 산책을 하곤 했다.

남편은 아이들에게 최선을 다하는 사람이었습니다. 일요일이나 휴일에는 무슨 일이 있어도 시간을 내서 저와 아이들을 데리고 동물원이나 교외로 산책을 나갔습니다. 관찰력을 키울 수 있도록 아이들에게 많은 것을 보여 주고, 나갈 때는 반드시 연필과 공책을 들고 가서 그 자리에서 본 것을 적고 집에 돌아와서 일기를 쓰게 했습니다. 이렇게 하면 문장력을 기르는 데 도움이 됩니다. 어릴 때부터 일기 쓰는 습관을 들이면 문장을 쉽게 쓸 수 있게 됩니다.

하토야마는 자녀들 공부뿐만 아니라 생활 습관, 정서교육, 인간 교육까지 완벽하게 실천한 어머니였다. 지금 시각에서 보면 이론의 여지가 있겠지만, 당시 자식 교육에 관심이 많은 중산층 어머니들에게 하토야마의 교육법은 닮고 싶고 따라 하고 싶은 선망의 대상이었다.

의사이자 교사인 부모

《내 자식 교육》류의 자녀 교육서는 1910년대 일본에서 새롭게 등장한 분야의 도서다. 이후 1930년까지 가정에서의 육아와 교육 노하우를 가르쳐 주는 자녀 교육 가이드북이 쏟아져 나오면서 큰 인기를 끌었다.

당시 출판된 자녀 교육서를 보면 《가정교사로서의 어머니家庭教師 としての母》, 《사랑하는 자녀의 예의범절과 사랑하는 자녀의 교육愛児 のしつけと愛児の教育》, 《자녀를 현명하게 키우기 위해子どもを賢くする ために》, 《중등학교 수험생을 가진 어머니의 고민 해결中等学校受験生 を持つ母の悩みを解く》, 《교사와 어머니를 위한 아이의 생활지도教師と

母の為の子どもの生活指導》,《교사로서의 아버지 어머니先生としてのお父さんお母さん》,《교육자로서의 어머니教育者としての母》등 교육자로서 부모의 역할을 강조하는 책이 주류를 이루었다.

메이지明治시대(1900~1910년대)에 유아기 아동을 돌보는 데 필요한 의학적 지식을 담은 근대적 육아법 도서가 많이 출판되면서 어머니가 의사 역할을 담당하게 되었다면, 다이쇼大正시대(1910~1920년대) 어머니들은 의사 역할뿐만 아니라 교사 역할까지 맡게 되었다. 이전에는 아이가 혼자 읽거나 부모가 읽어 주는 우화나 역사 이야기 책이 많이 출판되었던 데 비해, 다이쇼시대에는 아이의 친구 관계나 아이를 야단칠 때 주의해야 할 부분 등 자녀 교육에서 생기는 여러 문제의 구체적인 대처법을 설명하는 책이 주류를 이루었다.

그중에서도 특히 눈에 띄는 것이 '예습·복습 시키는 법', '자녀의 진로 선택', '중등학교 입시를 준비하는 부모들의 마음가짐' 등 부모가 읽는 '입시 매뉴얼 서적'이다. 이전의 입시 안내서는 수험생 본인을 위한 책이었지만, 이때 등장한 입시 안내서는 수험생 본인이 아닌 수험생의 부모나 아직 입시 연령이 채 되지 않은 유아를 둔 부모들을 대상으로 한 것이었다.

신중산층 출현과
학력시대의 개막

하토야마의 책을 비롯한 자녀 교육서의 주 독자층은 '신新중산층' 부모들이었다. '신중산층'이란 '도시에 거주하는 유복하고 교양 있는 신흥 세력', 다시 말해 전문직 종사자나 국가 공무원·봉급생활자(샐러리맨)들을 가리킨다. '신중산층'은 근대사회가 성립되면서 새롭게 출현한 계층으로, 자영업자·지주·자작농으로 구성된 구舊중산층이나 육체노동자와 구별되는 정신노동자 계층이다.

　1920년대 일본에서는 중·고등교육이 대폭 확대되고, 이와 함께 도시를 중심으로 신중산층이 확대되었다.

샐러리맨의 탄생

신중산층이 형성된 1920년대 중반은 일본 산업구조의 전환기였다. 제1차 세계대전(1914~1918)이 끝난 뒤 일본에서는 대기업 주도로 내수 상품 생산이 활발해지고 전력 보급으로 기계화가 진행되면서 4대공업지대가 형성되었으며, 1930년대에는 중화학공업이 활기를 띠면서 지방 도시가 성장했다. 산업구조가 변화함에 따라 노동 수요도 변화하여 광산·섬유·조선 등의 대기업에서 첨단 기술을 익힌 기술자와 늘어난 노동자를 관리할 '중간 관리직' 수요가 늘어났다.

1920~1940년 사이 일본의 직공 수는 2.5배, 기술원 수는 3.0배 늘어난 데 비해 사무원 수는 4.6배나 증가했으며, 관공청에서도 국철國鐵·지방 관청 그리고 학교순으로 많은 수의 인원을 채용했다.(교사와 하급 공무원도 정신노동자에 속한다.) 1920년대 신중산층은 대부분 대기업이나 관공청에서 근무하는 사무원들로서, 이들은 1921년 전체 직업 인구의 4.8퍼센트를 차지했으며 도쿄 시의 경우 5명 중 1명이 신중산층에 속했다.

신중산층의 주요 구성원인 샐러리맨은 언제 등장했을까? 1915년 도쿄 역이 완성되고 엘리베이터와 중앙난방시설을 갖춘 미쓰비시 21호관이 준공된 후 1924년 도쿄의 마루노 빌딩이 완성되고, 이 해에 '샐러리맨'이란 용어가 처음 등장했다.

그러나 실제 '샐러리맨'의 등장은 메이지유신(1868)으로 거슬러 올라간다. 메이지 정부가 상업에 종사하는 가게를 '상사商社'라고 이름 붙이면서, 국가기관이나 지방자치기관에 근무하는 '역인役人'과 '회사원'이 분리되기 시작했다.

1869년에 설립된 '미쓰이국산방三井國産方'이 일본의 첫 근대적 기업이므로, 이 회사의 직원들을 일본 '샐러리맨 1호'라고 할 수 있다. 이 때는 기업이 몇 개 되지 않아 회사나 은행에서 일하는 사람은 극히 소수였고, 대부분은 관원官員(공무원)·교사 등 메이지 정부의 역인들 이었기 때문에 '샐러리맨'이라는 용어는 아직 출현하지 않았다.

당시 '역인'들의 주축은 관원이었다. 관원들은 중류 이상의 생활수 준을 영위하며 사회적으로 큰 세력을 형성하고 있어서, 서생(학사) 들은 대신大臣이나 참의參議 같은 관원을 동경했다. '사농공상士農工商' 의 신분이 세습되던 봉건제에서 해방되어 재능만 있으면 누구나 출 세할 수 있는 시대가 열렸지만, 이때까지도 학문은 관직에 입문하는 데 필요한 수단에 불과했다. 1877년에 접어들면서 '서생'은 '학사學士' 로 그 모습이 바뀌었다. 대학 출신은 극소수였으므로 희소가치가 높 아 관원이 되면 빨리 출세할 수 있었다.

이처럼 뿌리 깊은 '관원 만능주의' 사상은 1887년 전후부터 비판받 기 시작했다. 일본 근대화를 이끈 사상가이자 교육자인 후쿠자와 유 키치福澤諭吉와 '일본 자본주의의 아버지'라 불리는 시부사와 에이치 渋沢栄一는 "관존민비官尊民卑를 봉건적 유폐遺弊"라고 비판하며 민간 실업교육에 힘을 쏟았다.

1900년 일본은 청일전쟁에서 얻은 광대한 전시戰時 이익과 배상금 을 바탕으로 방직, 철도 중심의 산업혁명을 완수했다. 가내공업에서 대규모 기계공업이 요구되는 산업 형태로 변화하면서, 기업들은 개인 상점 시스템으로는 한계를 느껴 회사 조직을 만들기 시작했다. 이 같은 근대적 대경영에 필요한 인재로서 새로운 시대의 학문과 기술을 익힌 고등학교·대학 졸업자가 등용되면서 비로소 '근대적' 샐러리맨 계층이 출현했다.

특히 미쓰이三井재벌은 기업이 근대적 성장을 이루려면 신지식을 도입해야 한다며 앞장서서 대학 졸업자를 적극적으로 채용했다. 1937년 일본은행 총재에 오른 이케다 시게아키池田成彬(1867~1950), 일본 대표 재벌인 대일본제당 사장 후지야마 라이타藤山雷太(1863~1938), 한큐전철阪急電鉄·한큐백화점阪急百貨店을 운영하고 영화·연극도 제작하는 한큐한신토호阪急阪神東宝 그룹 창업자 고바야시 이치조小林一三(1873~1957), 일본 최대 제지기업인 (구)오지제지王子製紙 경영자 후지와라 긴지로藤原銀次郎(1869~1960) 등이 모두 미쓰이 출신이다.

엘리트의 자격 조건

이때부터 대부분의 대학 졸업자와 고등학교 졸업자들이 실업계로 진출하기 시작했다. 하지만 아직 '관원 만능주의' 의식이 남아 있어서 대학을 졸업하고 실업계에 뛰어든다는 것은 용기와 결단이 필요한 일이었다.

1900년대 산업혁명을 완수한 일본 자본주의는 청일전쟁부터 제1차 세계대전을 거치며 눈부신 성장을 거듭했고, 그에 따라 회사와 은행 수도 점점 늘어났다. 고등학교·대학 졸업자만으로는 노동력 수요를 충당할 수 없게 되면서 중학교 졸업자도 사무원으로 대거 진출했다.

1914년 발생한 제1차 세계대전은 일본 자본주의가 비약적 성장을 이루는 결정적인 계기가 되었다. 해외에서 공업 수주가 폭발적으로 늘어나면서 일본의 경제구조는 급변했다. 특히 조선·섬유·제철 산업이 비약적인 발전을 이루었다. 조선업 등의 숙련노동자 월급이 화이트칼라보다 높아 '직공 벼락부자'라는 말까지 나올 정도였다. 제1차 세계대전 중인 1915~1916년부터 전쟁 직후인 1918년까지가 일본 샐러리맨에게는 최고의 시기였다.

이때 사회적으로 각광받는 샐러리맨이 되려면 꼭 갖추어야 할 자격이 있었으니, 바로 '학력'이었다. '신중산층'은 극소수 엘리트층(고급 기술전문직, 임원급 관리직, 고급 관료)과 방대한 비엘리트층(민간 사무원, 하급 공무원)으로 나뉘었는데, 이 둘을 구분하는 요인이 '출신 계층'과 '학력'이었다.

극소수 엘리트층의 가장 대표적인 특징은 높은 학력이었다. 이미 메이지유신 때부터 고급 관료나 기술자 등은 대학이나 고등전문학교에서 고등 기술을 습득한 사람들 중에서 채용됐으며, 대기업이나 관공청에 소속된 전문직·관리직들도 후기 중등(중등교육 중에서 고등소학교가 아닌 중학교 과정 혹은 그와 동일한 학력)·고등 학력을 가진 사람들이 대부분이었다.

비엘리트층은 어땠을까? 비엘리트 중에도 은행원과 회사원 등 민간 사무원은 비교적 좋은 집안 출신이 많았지만, 이들은 엘리트층보다 학력이 낮았다. 하급 공무원도 마찬가지였다. 관공서 사무직이나 교원들은 대부분 중등 이하 학력이었으며, 출신 계층은 절반 정도가 지주나 자작농층이었고 농민적 성격을 띠고 있었다.

이처럼 신중산층의 엘리트층과 비엘리트층을 나누는 가장 중요한 요인은 '학력'이었다. 물론 높은 계층 출신이 엘리트층에 많기는 했지만, 그보다 더 결정적인 요인은 학력이었다. 아무리 좋은 집안 출신이라 해도 학력이 낮으면 엘리트 직종에 종사할 수 없었다.

기업이 주도한 학력 중시 채용

1900년대 전후까지만 해도 일본은 학력이 유용한 세계와 학력이 무용한 세계가 나뉘어져 있었다. 학력이 유용한 곳은 관료의 세계, 교원·전문 직업(변호사, 의사)의 세계였다.

이때까지도 기업 사회는 아직 학력사회라고 보기 어려웠다. 해당 업종의 전문 지식이나 기술이 전부인 기술자 중에서도 고급 기술자는 '고등' 학교 출신이 차지했지만, 중·하급 기술자는 학력과 관계없이 노력으로 지위를 획득할 수 있는 길이 열려 있었다. 일반 사무직원도 고도의 전문 지식이나 기술이 없어도 재주만 있으면 학력과 상관없이 관리직이나 경영자로 올라갈 수 있는 기회가 얼마든지 있었다.

관료 조직이 정비되어 있는 대기업도 고등 학력 출신을 채용하는데 그다지 적극적이지 않았다. 극소수의 대기업과 대공장을 제외하면, 학력을 전혀 문제 삼지 않는 중·소 공장과 상점이 상업과 공업세계의 거의 전부를 차지하고 있었다. '학력사회'는 아주 작고 특수한 사회에 불과했다.

1887년까지는 부기簿記가 되고 어느 정도 영어를 쓰고 말할 수 있는 사람이면 기술자나 전문가가 될 수 있었다. 상점이나 회사에서는 직원을 채용할 때 학력보다는 지식과 기술을 중요시하였다. 그러다 1897년후반부터 은행과 재벌계 대기업을 중심으로 학력 중심 채용이 시작되면서 젊은 층, 특히 '고등' 학교 출신자들에게 유리한 세계가 펼쳐졌다. 오직 관청에만 존재하던 확립된 대조직이라는 근대세계가 기업 세계에 도입되기 시작한 것이다. 재벌 계열을 중심으로 기업들이 앞다투어 관청의 채용·승진 시스템을 도입하면서 기업의 '행정 관료'라 할 수 있는 직원, 즉 화이트칼라층이 등장했다.

은행이나 회사가 상급 학교 출신자를 적극적으로 채용한 이유는 무엇일까? 기업의 규모가 커지고 조직이 정비되면 단순히 부기나 영어 지식, 기술뿐만 아니라 조직을 관리하고 운영할 수 있는 새로운 유형의 전문가, 즉 경영자와 운영자가 필요하다. 미쓰이은행이 게이오대학 출신을 대거 채용하고, 특히 재벌계 기업들이 상급 학교 출신자를 채용하여 조직 속에서 훈련시키고 승진시키는 방책이 널리 퍼지기 시작한 것은 새로운 유형의 전문가가 필요했기 때문이다.

그리고 또 하나 중요한 이유는 관청과의 관계였다. 관존민비 사상의 영향으로 일본의 기업은 근대 조직체 중에서 가장 지위가 낮았다. 미쓰이재벌의 나카미가와 히코지로中上川彦次郎의 부름을 받고 미쓰이은행에 입사한 이케다 시게아키(훗날 미쓰이재벌의 상무이사를 역임하고 일본은행 총재에 올랐다.)는 이렇게 회고했다.

나카미가와가 일하던 시대에는 관존민비 사상이 강해 관료들은 필요 이상으로 많은 월급을 받았다. 민간 회사는 사회적 지위도 낮고 월급도 낮았다. (그래서) 나카미가와는 학교 출신을 많이 채용하고 월급도 상당히 올려 관존민비를 타파하려 했다. 은행원이란 직업을 관료와 마찬가지로 사회적으로 상위에 위치시키는 것이 나카미가와의 꿈이었던 것 같다. **— 아마노 이쿠오天野郁夫,《학력의 사회사学歴の社会史》**

기업의 사회적 지위를 관청과 같은 반열에 올려놓고자 상급 학교 출신을 적극 채용했다는 말이다. 이처럼 대기업을 중심으로 상급 학교 출신자의 정기 채용이 일반화되기 시작한 것은 다이쇼기(1912~1926)다. 이때 학력별 임금도 확립되었다.

학력별 채용과 급여 체계의 확립은 상급 직원뿐만 아니라 하급 직원에게도 적용되었으며, 이로써 중등학교 내부(중학교와 실업학교 등)의 격차, 고등소학교와 보통소학교의 격차도 생겨났다. 학력이 엘리트층과 비엘리트층의 경제생활을 좌우하는 주요한 요인이 된 것이다.

비엘리트는 우선 첫 월급 자체가 낮았다. 1925년 미쓰비시, 스미토모 등의 대기업에 들어간 고등학교·대학교 졸업자의 첫 월급이 45~80엔, 중학교 졸업자의 첫 월급은 35엔이었다. 엘리트층은 비엘리트층보다 승진도 빨랐다. 20~30년 뒤 대기업의 신입 사원이 과장으로 승진하기까지의 평균 연수를 보면 대졸은 14년, 그 외는 32년 정도가 걸렸다.

당연히 신중산층 부모들은 무슨 수를 써서라도 자녀를 대학에 입학시키려고 온 힘을 기울였다. 그런 요구에 응답하듯 고등교육기관이 늘어나고 특히 사립대학이 많이 설립되었다. 1893년에는 제국대학 1개, 전문학교 41개(국립 5개, 공립 4개, 사립 32개)였던 것이 20년 뒤인 1913년에는 전문학교가 121개로 늘어났다.

입시전쟁의 시작

메이지유신 이후 메이지 정부는 신분제도를 폐지하는 '사민평등四民平等'을 선언하고, 교육제도를 갖추어 학교교육을 통한 계층 이동을 장려했다. 교육은 '문명개화文化開化', '부국강병富國强兵', '식산흥업殖産興業'을 이루는 핵심 정책이었다.

하지만 아무리 교육을 장려해도 메이지시대 초창기에는 학력이 그다지 매력적인 조건이 아니었다. 당시에는 초등교육을 기피하는 사람이 적지 않았으며, 그 이후에도 중등·고등교육을 받는 데 필요한 경제적 비용을 감당할 수 있는 가정이 많지 않았다.

고등교육의 확대

1907년 이전까지 일본의 의무교육은 보통소학교 4년까지였다. 보통소학교 4년을 마치면 고등소학교에 입학하여 2년을 다닌 다음 보통중학교에 진급하는데, 진급시험이 어려워 고등소학교 2년을 마쳐도 겨우 시험에 합격할까 말까였다. 이후 중학교 과정 5년, 고등학교 과정 3년이 이어지는데, 고등학교 과정은 수준이 높고 입학 정원도 정해져 있기 때문에 입시 경쟁이 치열해서 1~2년 재수하는 것이 보통이었다. 중학교 과정도 어려워서 낙제·중퇴 등으로 제때 졸업하는 학생이 반 정도밖에 되지 않았다. 게다가 고등학교, 중학교는 물론 고등소학교도 수가 적어서 집에서 통학할 수 없는 경우가 많았다. 아이를 학교에 보내려면 수업료뿐 아니라 생활비까지 부담해야 했기 때문에, 의무교육인 보통소학교로 학업을 마치거나 조금 여유

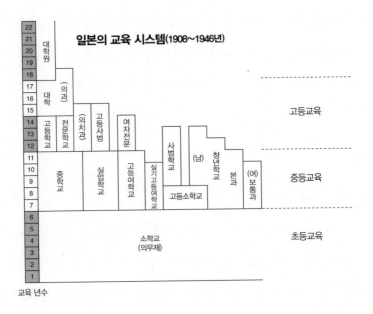

일본의 교육 시스템(1908~1946년)

교육 년수

가 있으면 고등소학교 2년을 마치는 것이 보통이었다.

의무교육이 보통소학교 6년으로 늘어난 1908년에도 고등교육 진학 인구는 같은 연령 인구의 1퍼센트가 채 되지 않았다. 이때는 고등교육 입시 경쟁이 심하지 않았다. 입시 경쟁이 치열한 학교는 고등학교나 관립官立전문학교, 육군사관학교, 해군병학교 등 군 관련 학교에 한정되어 있었다. 현재 일본에서 일류 대학으로 손꼽히는 게이오나 와세다 사립전문학교는 당시에는 누구나 들어갈 수 있는 학교였다. 1904년 고등교육 진학자의 80퍼센트 정도는 이런 사립전문학교 학생이었다. 1897년대 후반부터 입시가 시작되었다고는 하지만, 아직 입시는 극히 소수 사람들의 일이었다.

본격적인 입시 경쟁, 즉 고등교육 진학 지망자가 급증하여 입시 경쟁이 치열해지기 시작한 것은 다이쇼시대(1912~1926)부터다. 이때부터 학력에 따른 소득 격차가 명확하게 나타나면서 고등교육 진학률도 급증하기 시작했다. 고등교육 지망자가 증가하면서 고등교육기관도 크게 늘어났지만 그 이상으로 진학 희망자 수가 증가하여 입시 경쟁이 격화되고 '수험지옥'이라는 말이 등장했다.

일류 대학 입학은 일류 중학교부터

고등학교 진학률의 증가는 학교 간 서열 차를 발생시켰다. 1910년과 1920년의 고등학교 지망 학생 수를 비교해 보면 9,278명에서 2만 3,631명으로 2.6배 증가했다. 또한 고등학교를 졸업한 뒤 제국대학이나 관립대학에 입학하는 학생은 극히 소수였고, 고등학교 졸업생이 증가함에 따라 고등학교를 졸업해도 대학에 진학하지 못하는 사람이 생기기 시작했다.

1925년에는 그때까지 선발 시험을 치르지 않던 도쿄제국대학 문학부의 일부 학과에서 시험을 치르기 시작하면서, 입시 경쟁이 고등학교나 전문학교뿐만 아니라 대학으로 퍼지기 시작했다. '일류 대학에 가려면 입시에 유리한 일류 고등학교에, 일류 고등학교에 가려면 입시에 유리한 일류 중학교에 가야 한다'는 의식이 새롭게 형성되었고, 이러한 입시 경쟁은 학교 간 서열을 발생시켜 지방 도시에서도 중학교 간 서열이 생기기 시작했다. 특히 도시의 신중산층 가정 중에서 아이를 유명 중학교에 입학시키려고 소학교 4,5학년 때부터 중학교 입시를 준비시키는 부모가 등장했다.

중학교 진학률에 따라 소학교 서열이 좌우되므로 교사는 아침 일찍 또는 방과 후에 보충수업을 했으며 아이들은 문제집이나 참고서를 들고 등교했다. 소학생의 과도한 입시 공부는 사회문제로 신문에서 빈번히 다루어졌다. 중학교 입시 준비로 신경쇠약에 걸리는 아동이 증가하고 있다는 내용의 '소학교 아동의 일대 난관'(《호오치신문報知新聞》 1920년 2월 3일), '소학교 5학년부터 입시 준비 시작', '중학교 입학

신문에 실린 《기억력 증진법》 도서 광고(왼쪽)와 '신경쇠약증에 좋은 약' 광고(오른쪽).

예습은 중대한 사회문제'(《요미우리신문読売新聞》 1924년 4월 29일), '여전한 방과 후 보충수업'(《요미우리신문》 1925년 1월 12일) 등의 기사가 넘쳤다.

소학생의 입시 공부에 대해 비판적인 기사가 쏟아지는 와중에도, 1922년에는 쇼가쿠간小学館에서 《소학교 5학년小学校5年生》, 《소학교 6학년小学校6年生》 등의 학년별 잡지를 출판(1922∼2009)하는 등 아이들 공부에 대한 관심은 더더욱 높아졌다.

공부하여 입신하겠다는 '학력/계층 상승 의식'이 지방으로까지 퍼지면서, 도시로 상경하여 고생하며 공부하는 고학苦學·독학獨學이 유행하기 시작했다. 시골 청년들의 상경 고학열에 맞춰 '성공成功'이

'소학교 졸업만으로는 입신출세할 수 없다. 공부하여 중학교에 가
자'고 부추기고(오른쪽), '중학교 졸업 자격이 필요하다'고 설명
(왼쪽)하는 강의록 광고.

란 잡지도 출간되었다. 하지만 공부하고 싶다고 해서 모든 청년이
상경할 수는 없었다. 그런 시골 청년들을 대상으로 나온 것이《중학
강의록中學講義錄》등의 독학 매체다.

　《중학강의록》은 중학교 과정을 독학할 수 있는 일종의 통신교육
이었다. 이런 류의 강의록을 판매하는 통신교육회사인 '대일본중학
회大日本中學會'가 1892년(메이지 25)에 처음 등장한 뒤, 메이지 30년대
중반에는 상당한 수의 강의록 회사가 생겼다. 수험 잡지나 실업實業
잡지에는 강의록 광고가 가득했다.

신중산층의 뜨거운 교육열

'학력/계층 상승 의식'의 확산에 따른 뜨거운 교육열은 도시의 신중
산층을 중심으로 가열되었다. 신중산층 중에서도 엘리트층은 전업
주부인 아내가 양육을 책임지고 자녀들에게 상당히 수준 높은 교육
을 시킬 수 있었지만, 비엘리트층의 아내들은 30퍼센트 정도가 직업
을 갖고 있었고 경제적으로도 여유가 없어 엘리트층처럼 자녀를 교
육시키기 어려웠다.

비엘리트층 남편은 대부분 중등졸 학력이었다. 이런 식으로 학력
의 차이는 수입의 차이, 출세 가능성과 속도 차이로 이어지고, 이러
한 경제적인 차이 때문에 비엘리트층에서 엘리트층으로 이동하는
것이 쉽지 않았다.

물론 비엘리트층이라 해도 큰 조직에 소속되어 있는 '월급쟁이'이므
로 중소기업의 화이트칼라나 블루칼라에 비하면 높은 지위와 안정된
소득을 보장받았다. 이들은 조금 높은 소득으로 무리해서라도 자녀
들을 교육시켰고, 그 결과 비엘리트 신중산층 자녀들은 블루칼라 자
녀보다 높은 교육을 받아 신중산층 직업을 가질 기회를 많이 얻을 수
있었다.

한편 경제적으로 부유하지 못한 비엘리트 중에서 예외적인 집단
이 있었으니, 바로 교원이었다. 교원들은 쌀을 아끼려고 보리를 섞
은 죽을 먹고, 숯이 비싸 한 달 동안 목욕도 하지 못하는 등 하급 공

무원보다도 생활이 어려웠고 아내가 전업주부인 경우도 많지 않았다. 그러나 교원 자녀들은 50퍼센트 이상이 고등 학력이고 졸업 후 대기업이나 관공청의 화이트칼라, 그중에서도 엘리트층에 속하는 비율이 높았다.

교원 가정의 경우 아내가 전업주부가 아니더라도 충분히 교육적 가정환경을 꾸릴 수 있었기 때문이다. 교원 가정의 아내는 다른 비엘리트층의 아내들처럼 파트타임이나 가내 부업이 아니라 교원 등 정규직에 종사하는 경우가 많았으며, 학력도 비교적 높은 편이었다. 자녀가 엘리트층에 속하는 데 경제적 요인만큼이나 어머니의 교육열이 중요한 요인으로 작용한 것이다.

1913년(다이쇼 2) 본격 수험 잡지인
《수험세계受驗世界》가 출간된 뒤
《수험계受驗界》,《수험과 학생受驗と
學生》,《수험등受驗灯》 등의 잡지와
영어·수학 잡지 등 30여 종의 수험
잡지가 발행되었다. 수험 잡지에서
가장 인기 있는 내용은 '수험생의 체
험담'이었다. 이러한 합격(실패) 체험
기를 통해 수험생 특유의 생활 시간
과 공간의 정의, 곧 '바른 수험생 시
나리오'가 강화되었다.

《수험과 학생》 잡지 표지.

　'바른 수험생 시나리오'는 어떤 참고서를 몇 번 읽어야 하는지부터
하루 일과표까지 세밀하게 짜여져 있었다. 일과표는 하루에 10~11시
간은 공부를 하고, 기분 전환으로는 냉수마찰이나 산책을 하며 동산
에 올라가 하모니카를 부를 것 등의 내용을 담고 있었다. 시골의 중학
생 수험생들은 수험 잡지에 실린 합격자 체험담을 읽으며 수험생 시
나리오에 따라 생활했다.

근대적 어머니
'복도의 참새'

신중산층 엘리트가 많은 대도시 야마노테소학교에서는 입시에 필요한 공부를 요구하는 학부모의 성화에 못 이겨 학교 측에서 교육 내용을 바꿔 중등학교 입시에 필요한 수업을 특별히 실시하게 되었다. 그리고 도쿄의 명문 공립소학교에서는 학교 수업 상황을 보러 오는 어머니들로 복도가 항상 붐볐다. 이러한 어머니들을 '복도의 참새'라 부르기도 했다. 자식 교육에 열성인 어머니 중에는 아이가 아파서 결석하는 경우 어머니가 대신 수업을 듣고 필기를 해서 집에 돌아가 아이에게 가르치는 경우도 있었다. – **쇼자와쥰所澤潤·**

기무라木村元,《일본의 근대소학교와 중등학교 진학日本の近代小学校と中等学校進学》

'복도의 참새'라는 말이 나올 정도로, 도시 엘리트층 어머니들의 대단한 교육열은 사회적으로 큰 관심을 불러일으켰다. 이처럼 열성적인 어머니들의 교육 참여는 사실 그리 오래된 현상은 아니었다.

'좋은 아내'에서 '좋은 어머니'로

일본 자녀 교육에서 어머니의 역할이 주목받기 시작한 것은 메이지유신 이후다. 그 이전 에도江戶시대에는 어머니가 자녀 교육을 맡지 않았다. 에도시대 무가武家나 상류층의 여성 교육 서적은 대부분 남편과 시부모를 받드는 '좋은 아내', '좋은 며느리'에 대한 내용이었다. 자녀 교육과 관련해서는 '태교의 중요성'을 강조할 뿐, 자녀 양육이나 교육 등 '좋은 어머니'가 되는 데 필요한 내용은 없었다.

여성에게 '현모양처'가 아니라 '양처良妻'의 역할만 요구하였으며, 자녀 교육은 아버지의 몫이었다.(아버지가 교육하는 자녀는 집안을 이을 장남이었다.) 실제 에도시대 교육서는 대부분 아버지의 자녀 교육을 다룬 책들이었다. 여성에게 기대하는 역할은 자녀를 낳는 것이지 양육·교육하는 것이 아니었다. 여성 교육 서적에 태교에 관한 내용은 있어도 양육에 대한 내용이 없다는 것은, 좋은 아이를 낳는 것은 여자의 책임이지만 좋은 아이로 키우는 것은 여자의 책임이 아니라는 의식을 보여 준다.

이러한 여성관은 메이지유신 이후 근대국가 건설이라는 국가 목표 아래서 변화하기 시작했다. 근대국가 건설에 필요한 질 높은 국민을 양성하는 데 어머니의 역할이 중요하다는 인식이 싹트면서 메이지 초기 '현모賢母' 양성을 위한 여성 교육이 시작되었고, 청일전쟁이 끝난 뒤 '양처현모良妻賢母' 사상이 등장했다.

양처현모 의식 형성에 결정적인 역할을 한 것은 1899년(메이지 32)에 발포된 〈고등여학교령高等女子學校令〉이다. 이에 따라 가사·자녀 교육을 목적으로 하는 여성 교육을 진흥하기 위해 양처현모 양성 고등여학교가 제도화되었다. 청일전쟁 전까지는 여자는 소학교만 나오면 충분하다는 의식이 지배적이었으나, 청일전쟁 이후에는 여성도 교육을 받아 그 지식으로 남편에게는 좋은 내조를, 다음 세대 국민인 자녀에게는 질 높은 교육을 하는 것이 국가에 대한 여성의 책임이라는 의식으로 변화하면서 여성 교육이 주목받기 시작했다.

여성 교육론의 변화

메이지 30년대에는 어머니가 가정에서 자녀에게 하는 교육, 즉 '가정교육론'이 유행했다. 어머니들에게 요구되는 가정교육의 수준은 꽤 높았다.

'현모' 양성에 필요한 교육은 단순히 전통적인 생활 환경에서 부모 세대로부터 전해 내려온 지식을 습득하는 것이 아니었다. 현모라면 교육학 등의 '학문'을 바탕으로 한 '과학적'인 가정교육 방법을 배워야 했다. 말하자면 '근대적 어머니' 육성이 목적이었으며, 이는 학교교육, 주로 고등여학교교육을 통해서 이루어졌고, 여성들은 결혼한 뒤에도 독서 등을 통해 새로운 지식을 계속 습득해야 했다.

양처현모 의식이 어떻게 발생하고 변화하여 여성 생활에 침투했는지 좀 더 자세히 살펴보자.

메이지 40년(1907)~다이쇼 5년(1916) 여성 교육론에서 '현모'의 중요성이 부각되었다. 그러나 1907년(메이지 40) 문부성이 발행한《여자수신교과서女子修身教科書》는 어머니의 역할을 그다지 중요하게 다루지 않았다. 1911년(메이지 44)까지 사용된 이 교과서는 "가사・육아 등이 국가 사회의 기초가 됨을 자각하고 아내, 어머니, 며느리 역할을 수행하며 만일의 경우를 대비하여 직업 능력을 키울 수 있는 여성이 양처현모상"이라고 정의하였다.

여성 교육론은 다음 세대 국민 양성에 초점을 맞추어 '양처'보다는 '현모'에 큰 비중을 두고 가정교육에서 어머니의 역할을 강조했지만, 《여자수신교과서》는 어머니 역할보다는 아내 역할을 더 많이 언급했으며 여성 교육론에서는 전혀 언급되지 않은 '며느리 역할'에 관한 내용도 많은 부분을 차지했다. 이러한 여성상은 1911년《여자수신교과서》 내용이 개정된 뒤에도 변함없이 이어져 1916년(다이쇼 5)까지 계속되었다.

다이쇼 9년(1920) 이후 '양처'를 강조하던 교과서는 1920년(다이쇼 9) 커다란 변화를 보였다. 변화의 계기는 제1차 세계대전이었다. 구미 여성들이 전쟁에 나간 남성들 대신 각종 직업에 종사하며 활약하는 모습에서 큰 충격을 받은 것이다. 이에 따라 《수신교과서修身教科書》에도 여성이 우수한 지식과 기능을 습득하도록 교육해야 한다는 내용이 나타나기 시작했다. 그때까지 대부분의 교과서는 선조부터 대대로 이어받은 '가家'라는 관점에서 가족을 바라보았지만, '가정은 안식처이고 피난처'라는 새로운 가족관이 교과서에 등장하면서 화목하고 단란한 가정을 만드는 여성의 역할이 강조되었다.

1920년 이후 며느리 역할에 대한 기대가 약해지고, 아내·어머니의 역할이 질적으로 변화했다. 예컨대 영양가를 고려한 식사, 채광과 통풍이 잘되는 집, 가계부에 의한 가계 관리 등 가사와 육아에 합리성과 과학성이 요구되기 시작한 것이다. 널리 읽히지는 않았지만 가사뿐만 아니라 어머니 역할을 수행하는 데 필요한 '과학'과 '학문'을 다룬 교과서도 있었다. 이 교과서는 우생학優生學 원리, 유전 법칙, 태교, 육아법, 아동 위생학, 아동 청년의 심리, 가정교육법 등의 학습을 여성에게 요구하였다.

바람직한 주부의 조건, 고등여학교 졸업

교육학자 요시다 아야吉田文가 1910, 1920년대 고등여학교 학생들의 진로와 결혼에 대한 의식을 조사한 내용을 보면, 졸업 후 진로를 '가정'이라고 답변한 여학생의 비율은 다이쇼기(1912~1926년) 70~80퍼센트에서 쇼와 초기(1920년대 중반)에는 40~50퍼센트로 감소하고 대신 '진학'이 증가했다.

하지만 상급 학교에 진학하는 이유가 전문 지식을 배워 중등학교 교원, 의사, 약제사 등의 전문직을 갖기 위해서라기보다는 좀 더 높은 '교양'을 쌓기 위해서라고 답한 경우가 많았다. 가령 상급 학교에 진학하여 전문직을 갖는다 하더라도 몇 년 후의 길은 '결혼'이고 전업주부(양처현모) 생활이었다.

당시 고등여학교를 졸업한 여성들의 배우자 직업은 회사원, 교원, 공무원, 의사 등 봉급생활자(신중산층)가 70퍼센트를 차지하고, 특히 회사원과 교원이 눈에 띄게 많다. 배우자 부모의 직업은 농업 40퍼센트, 상업 20퍼센트, 무직 10퍼센트 등 70퍼센트 정도가 구중산층 출신이었다. 곧, 대부분의 배우자들이 구중산층에서 신중산층으로 이동한 사람들이었다. 고등여학교 졸업자 부모의 직업을 그 배우자의 직업과 비교해 보면 양자의 구성 비율이 거의 일치한다. 출신 계층과 부모의 직업이 결혼의 중요한 조건이었던 것이다.

결혼 후 거주 지역을 보면 결혼한 뒤에도 그 지역에 머무는 경우는 3분의 1 정도이고, 3분의 2는 결혼 후 지역을 이동하였다. 특히 도시로 이동한 사람이 많았는데, 그 이유는 고등여학교 졸업자 배우자의 대부분이 도시 봉급생활자였기 때문이다. 고등여학교 졸업 학력을 취득한 여성들은 봉급생활자가 된 남성과 결혼하여 구중산층에서 신중산층으로 이동하여 도시 지역에 거주했다.

이처럼 다이쇼시대부터 중류 계층 이상 출신 여성들은 의무교육 기간 이후에 고등여학교를 다니는 것이 당연한 일이 되었고, 고등여학교 졸업 학력이 결혼의 중요 조건이 되었다. 그때까지 학력주의와 무관하던 여성들이 남성 세계를 지배하던 학력주의 서열 사회에 동참하면서 일상생활에도 많은 변화가 일어나게 되었다.

무엇보다 다이쇼시대 들어 도시를 중심으로 신중산층이 핵가족을 이루면서 '가家'의 며느리가 아닌 한 가정의 주부로서의 바람직한 주부상이 모색되기 시작했다.

근래 또는 가까운 장래에는 세계에 관한 일반적인 지식을 갖고 이과理科에 관한 지식도 있으며, 사교상 지식이나 취미 · 문학 등에 관한 이야기도 할 수 있고, 한 가정의 주부로서 재봉 · 요리 · 세탁 · 정돈 등은 물론 금전의 사용 · 저축 · 출납 등도 일정한 법칙 아래 할 수 있어야 하고, 손님 접대도 남편을 대신하여 훌륭히 수행할 수 있어야 하며, 가업이나 남편의 업무를 보조하고 자녀 양육도 훌륭히 하며 만약 남편과 사별하는 불운에 처해도 타인의 힘을 빌리지 않고 가정을 이끌어 갈 수 있는 능력을 준비해야 한다. ―《시노야마

《통보篠山通報》 1916년 2월 5일

지방신문에까지 이런 내용의 기사가 실릴 정도였다. 고등학교교육은 완벽한 여성이 되려면 반드시 받아야 하는 것이 되었고, 고등여학교를 졸업하여 봉급생활자의 아내, 전업주부로 사는 것이 여성들의 목표이자 꿈이 되었다. '고등여학교 졸업'이란 학력은 곧 고등여학교에서 습득한 '문화 = 교양'을 의미했고, 학력은 결혼 자격의 하나로서 봉급생활자와의 결혼 생활과 직접 연결되어 사회적·경제적 지위 상승을 의미했다.

신중산층 어머니의 교육

고등여학교에서 양처현모 교육을 받고 근대 문화를 습득하여 신중산층 남성과 결혼하는 데 성공한 여성들은, 특히 자녀 교육에 각별한 신경을 썼다. 다이쇼기 신중산층의 자녀 교육 목표는 '완벽한 아이'를 키우는 것이었다. 그러려면 부모 역시 '완벽한 부모'가 되어야했다.

신중산층 어머니들은 자식들이 예의 바르고 도덕성을 가진 아이로 자라도록 엄하게 교육했다. 동시에 독서나 놀이 영역에서는 어린이의 세계를 마음껏 즐길 수 있게 하고, 그러면서도 예습과 복습 등의 공부에도 신경을 써 좋은 학교에 진학할 수 있도록 노력했다. 어린이의 순진한 면을 지키면서 도덕성과 예의를 갖추고 공부도 잘하는 이상적인 아이로 키우기 위해 부모들은 노력을 아끼지 않았다.

유명 여성 작가 노가미 야에코野上弥生子는 아들을 보통중학교가 아닌 에스컬레이터식으로 고등학교에 진학할 수 있는 7년제 고등학교에 보내려고 했다. '에스컬레이터식' 학교는 중·고등학교가 하나의 교과과정으로 조직되어 있어 중학교 시험을 쳐서 입학하면 특별한 입학시험 없이 고등학교까지 올라갈 수 있었다. 노가미는 7년제 고등학교를 선택한 이유를 다음과 같이 말했다.

"중학교를 졸업할 때 겪어야 할 '비참한 경쟁'을 피해 신선하고 젊은 두뇌를 시험공부로 혹사시키는 대신 마음의 양식이 되는 서적을 한 권이라도 더 읽히고 싶었습니다."

노가미는 단순히 학력만 추구하는 어머니가 아니라, 엄하게 예의범절을 가르치며 아이의 동심을 키워 주는 이상적인 어머니였다. 이처럼 자식을 '완벽한 아이'로 키우려면 부모는 항상 세심한 배려와 정확한 지식·판단력을 갖추어야 했다. 신중산층 어머니들은 고등교육 과정에서 얻은 지식과 육아법, 교육 방법을 알려 주는 매뉴얼 서적 등을 읽으며 모든 지식을 동원하여 자식 교육에 전력을 다했다.

하지만 모든 어머니가 이렇게 아이를 키울 수 있는 것은 아니었다.

도시 하층 가정의 교육

맞벌이의 경우, 부모는 아침 일찍 나가 밤늦게 돌아온다. 일이 바쁠 때는 며칠 동안 아이들의 자는 얼굴밖에 보지 못하는 경우도 있다. …… 부모는 아이들과 함께 생활할 수 없기에 나갈 때 항상 30전을 주고 먹고 싶은 걸 사 먹으라고 한다.

어머니가 전업주부인 경우 남편은 아침 일찍 나가고 집에 남은 주부는 낮잠을 자거나 동네 사람들과 차를 마시며 제 자식의 행동에는 전혀 무관심하고 동네 사람들과 잡담하며 하루하루를 무의미하게 보낸다. 집에 있는 어머니도 대부분 가내 부업을 하기 때문에 아이들이 일을 방해하지 않도록 밖으로 내보내곤 했다.

야채 가게를 하는 한 어머니는 이렇게 말했다. "아이들이 좁은 가게에서 시끄럽게 하지 못하도록 하루에 열 몇 번씩 돈 몇 푼 쥐어주고 밖으로 내보냅니다. …… 장사가 중요하다고 하면 아이들은 중요하지 않느냐고 하지만 저희들에게 교육은 사치입니다. 그보다는 아이들을 굶기지 않기 위해 장사해서 돈을 버는 것이 중요합니다." – 사가타 토모미坂田トモミ, 《장사하는 어머니의 고민小商売の母の悩み》

쇼와 초기(1920년대 중반) 초등학교 교사가 도시 하층의 가정생활을 소개한 글이다. 신중산층의 높은 교육열과는 대비되는 모습이다. 일본의 도시 하층 사람들의 교육 의식은 어땠을까?

일본의 도시 하층부는 일본에서 처음 국세조사(인구센서스)가 실시된 1920년경에야 세대 단위로 파악할 수 있을 정도의 가족 형태가 형성되었다. 메이지시대까지만 해도 도시 하층부는 가족 단위가 확실하지 않았다. 좁은 방 한 칸에 몇 가족이 함께 살기도 하고, 아버지가 행방불명되었거나 어머니가 돌아가셨거나 부모가 아이들만 두고 행방불명이 되는 등 가족이 이합집산을 반복하여 부모 없는 아이들도 많았다.

1920년대 조사 결과를 보면 도시 하층민들은 실업과 빈곤에 시달리느라 아이들의 교육을 생각할 여유가 전혀 없었다. 부모가 있다 해도 아이들 교육에 신경을 쓸 수 있는 가정은 드물었으며, 시간적 여유가 있어도 아이들은 가정에서 우선순위가 높지 않았다. 하루하루 먹고살기 바쁜 도시 하층민들에게 '교육', '공부', '학력' 등은 전혀 다른 세계의 일일 뿐이었다.

농촌의 사정도 크게 다르지 않았다. 메이지 초기에 생긴 근대 학교는 교육 내용과 형식이 농촌의 생활 세계와 너무 동떨어져 있어서 농촌 사회에 자리 잡기까지 많은 시간이 걸렸다. 운동회 같은 학교 행사가 마을의 '마쓰리祭リ'(일본의 전통 축제)의 하나로 행해지고, 학

교 교사가 사족士族 출신에서 농민 출신으로 바뀌어 동네 사람들과 어울리기 시작하면서부터, 학교는 동네 사람들에게 인정을 받기 시작했다.

농촌의 부모들이 학교에 기대하는 것은 아주 소박했다. 다이쇼기 말 동네 사람들이 갖은 노력 끝에 마을에 초등학교를 개교한 한 산촌에서는 교사를 '선생님'으로 존경하고 받들어 모셨으나, 학교에 기대하는 것은 "내 자식이 읽고 쓰고 계산할 수 있게 만들어 달라"는 것이 전부였다. 학교에서 아이들에게 읽기, 쓰기, 계산만 가르치면 부모들은 그것으로 만족했다. 특별히 공부를 잘하지 못하더라도 기초적인 읽기, 쓰기, 계산 능력만 있으면 살아가는 데 충분하다고 믿은 것이다.

학교교육과 공부·학력에 목을 매고 자식 교육에 열을 올리면서 '입시지옥'이라고 떠들어 대는 것은 극소수의 도시 신중산층에 한정된 이야기였다. 다이쇼기 들어 국민의 교육열이 높아져 새롭게 증설되는 중학교가 늘어나긴 했지만, 그렇다고 해서 일반 사람들의 교육 의식이 높아졌다고 볼 수는 없다.

중등교육 취학률을 보면 1930년(쇼와 5)에 36퍼센트, 전시체제인 1940년(쇼와 15)에도 46퍼센트에 불과했다. 아이를 학교에 보내 공부 시키기보다는 여전히 아이에게 일을 시키는 가정이 훨씬 많았다.

공황과 전쟁

학력만 있으면 안정된 생활을 누릴 수 있는 샐러리맨 전성기는 1920
년대 중반(쇼와 초기)부터 조금씩 변화하기 시작했다. 급격한 경제
성장으로 젊은 농민이 도시의 공장노동자로 대거 이동하면서 1917
년(다이쇼 6)부터 물가가 오르기 시작했다. 커다란 월급 변동이 없는
회사원·공무원 등 일반 샐러리맨 가정은 기존의 생활수준을 유지
하기 어려워졌다.

대졸자 취업난

제1차 세계대전이 가져온 호경기로 급성장한 일본은, 세계대전이
끝나고 유럽 열강들이 생산력을 회복하자 수출이 급격히 줄어들면
서 공황을 맞게 된다. 게다가 1927년(쇼와 2) 관동대지진의 여파로
많은 회사가 부도 나고 은행까지 위기에 처했다. 은행들은 밀려드는
사람들로 인해 한바탕 소동을 겪었다. 이어 1929년(쇼와 4) 뉴욕의

주식 폭락으로 시작된 세계 대공황의 여파로 일본에서도 '쇼와 공황'
이 일어났다.

불경기로 일자리가 줄어들면서 대학을 졸업하고 일자리를 구하
지 못하는 사람들이 늘어났다. 대학을 졸업한 뒤 차장이나 순사 등
예전에는 거들떠보지도 않던 곳에 취직하는 사람들, 시골에서 집과
논밭을 저당 잡혀 힘들게 대학을 보낸 아들이 취직을 하지 못해 놀
고 있는 모습을 보고 애타하는 부모 등 대졸자 취직난이 커다란 사
회문제로 떠올랐다.

도쿄부 학무부 통계에 따르면 1930년(쇼와 5) 대학 졸업자 6,900명
중 취업자는 3,200명(취업률 46퍼센트)뿐이었고, 전문학교 남자 졸업
생도 8,600명 중 4,700명(취업률 55퍼센트)밖에 취업하지 못했다.

이런 어려움은 1937년(쇼와 12) 중일전쟁이 시작되면서 점차 해소
된다. 전쟁과 직결되는 병기산업과 중공업이 발전하기 시작했고, 고
용이 늘어나면서 취직난이란 말도 자연히 없어졌다. 특히 이공계는
졸업하면 100퍼센트 가까이 취직이 되었다. 군부의 '침략'을 쫓아 대
륙에 진출하는 샐러리맨도 눈에 띄게 늘었다. 하지만 샐러리맨의 안
정된 생활은 그리 오래가지 않았다.

전쟁이 지속되면서 인플레가 시작되고, 군수생산 위주의 산업 생
산으로 소비 물자가 극도로 빈곤해져 물가가 폭등했다. 샐러리맨들
은 생활을 꾸려 나가는 데 어려움을 겪었지만, 그때까지 무시받던

공원工員들은 전시 생산을 담당하는 산업 전사로서 임금이 점점 높아져 갔다.

쇼와 초기 엘리트 샐러리맨의 평균임금은 육체노동자들보다 40퍼센트 정도 높았으나, 전시 중에는 육체노동자들의 임금이 높아져 샐러리맨의 월급과 거의 비슷하거나 높은 경우도 있었다. 특히 문과·법과·상경 계통의 사무직 샐러리맨이 전쟁의 타격을 크게 입었다. 이들은 1941년(쇼와 16) 태평양전쟁이 시작되자 펜과 주산을 버리고 징용공徵用工으로서 망치를 휘둘러야 했다.

2장

교육열의
대중화와 양극화

패전 이후(1945~1954)

"
아이들의 가정교육이
부모의 책임이라고 한다면
부모는 무엇을 어떻게 해야 하는가.
학교에 아이를 맡기지만 말고
다시 한 번 더 부모가 되어야 한다.
"

패전 후 도시 사회의 변화

1945년 태평양전쟁에서 패전하면서 일본 사회는 커다란 변화를 겪는다. 우선 군수공장에서 일하던 많은 노동자들이 실업자가 되었다. 군인은 물론이고 20~30대 한창 일할 나이에 전쟁에 동원되었던 사람들이 새로운 일을 찾아야 했다. 당시 재외 일본인 660여만 명 중 시베리아에 억류된 사람을 제외하고 600만 명 정도가 일본으로 귀국했다.

지방으로 떠나는 실업자들

도시에서는 패전이 가까워질 무렵부터 일자리를 얻지 못하고 주거와 식량 부족으로 어려움을 겪던 사람들이 도움을 줄 만한 친척이나 연고를 찾아 지방 소도시나 농촌·산촌·어촌으로 이동했다. 그들은 도시로 돌아오지 못하고 그대로 지방에 머물렀다. 1946년 3월 일본 정부도 식량 사정이 불안한 도시에 사람들이 돌아오는 것을 막으려고 주거와 직장이 있는 사람 외에는 도시로 전입하지 못하도록 규제하는 조치를 취했다. 이로 인해 일본 대도시 인구는 크게 감소한 반면, 농·산·어촌 인구는 그만큼 증가했다.

일본의 도시인구는 경제성장이 본격화된 1955년에야 겨우 25년 전 수준을 회복한다. 도쿄의 인구 변화를 보면 1920년 370만 명에서 5년마다 100만 명씩 증가하여 1940년에 735만 명을 기록했다가, 태평양전쟁에서 패전한 1945년에는 349만 명으로 반 이하로 줄어들었다. 도쿄를 떠나 살 곳과 먹을 것을 찾아 고향으로 뿔뿔이 흩어진 수백만 명의 사람들은, 도시가 점차 제 기능을 회복하여 거주·식량·취업의 기회를 제공할 때까지 지방에서 힘든 삶을 이어 갔다.

그들은 농번기에 일손을 돕거나 잡일 등을 맡을 뿐 일다운 일을 할 수 없었으므로 생산자가 아닌 소비자로 머물 수밖에 없었는데, 무언가를 구매할 만한 소득이 없었다. 농·산·어촌은 그들에게 풍부한 물질적 조건을 제공할 만한 여력이 없었다. 먹을 것은 구할 수 있으니 최소한의 물질적 조건은 도시보다 나았지만, 그렇지 않아도 좁은 농지를 고향에 돌아온 둘째·셋째 아들이나 연고자에게까지 나눠 줄 여유는 없었다. 불안정한 상태에 놓인 도시 이주민들의 존재는 지방 사회의 골칫거리였다.

패전 직후 도시산업이 급감하고 전쟁으로 도시에서 주거지를 잃어버린 사람들이 고향으로 돌아가면서 급증했던 농촌인구는, 식량 사

63

정이 안정되고 도시산업이 조금씩 부흥하면서 점차 감소하고, 1955
년 고도 경제성장기가 시작되면서 도시로의 인구 대이동이 시작된
다. 특히 중·고등학교 신규 졸업생이 지방에서 대도시로 집중되기
시작했다. 하지만 1950년대 후반까지는 아직 대도시 경기가 침체 상
태였기 때문에 취업난은 여전했다. 1960년대 들어서야 중·고등학
교 신규 졸업생의 취업률이 100퍼센트에 다다르게 된다.

1퍼센트 교육/
99퍼센트 교육

의무교육 확대

패전 후 교육 환경 변화의 가장 큰 요인은, 전쟁 전 불평등하고 계급적인 '복선형' 학교 체계를 개선하여 민주적인 '단선형' 체계로 재편성한 것이다.▌ 이에 따라 1947년 6·3·3·4제(초등학교 6년, 중학교 3년, 고등학교 3년, 대학교 4년)가 실시되면서 중학교가 의무교육이 되었다.

▌ **복선형 학제** : 상층 계급의 학교와 일반 대중 학교가 분리되어 있는 학교 체계. 상층 계급 자녀는 인문 중등교육을 거쳐 대학에 진학할 수 있는 반면, 일반 대중 자녀는 주로 기술계·실업계 중등교육을 거쳐 사회로 진출한다. 전쟁 전 일본의 학교제도는 복선형이었다.
단선형 학제 : 초등교육부터 중등·고등교육까지 하나로 연결되어 있는 단일조직의 학교 체계. 사회적 신분과 지위에 상관없이 모든 국민에게 평등하게 기회가 주어져 각자의 능력에 따라 교육을 받을 수 있는 교육제도. 현재 한국과 일본은 초등학교(6년), 중학교(3년), 고등학교(3년), 대학교(4년) 형태의 단선형 학제로 이루어져 있다.

65

2장_교육열의 대중화와 양극화

공부할 수 있는 교실과 가르칠 수 있는 교사가 부족한 데다 자식들에게 공부보다는 일을 시켜야 하는 가정이 많았기 때문에 취학률이 낮을 거라는 걱정도 있었지만, 우려와 달리 중학교 의무교육은 아주 빠른 속도로 정착했고 고등학교 진학률도 상승했다.

일본 전체의 고등학교 진학률을 보면 1951년에는 40퍼센트가 조금 못 되었지만 1960년이 되면 55퍼센트, 1966년에는 대상자의 70퍼센트 정도가 고등학교에 진학했다. 특히 도쿄의 고등학교 진학률은 1951년 51.3퍼센트, 1960년 72.9퍼센트, 1966년 84.2퍼센트로 1960년대부터는 고등학교에 진학하는 것이 당연한 일이 되었다.

이처럼 중학교가 의무교육화되면서 전쟁 전보다 많은 사람들에게 교육 기회가 주어졌으나, 1950년대까지는 전쟁 전의 계층 간 차이가 여전히 존재했다. 패전 직후 혼란이 어느 정도 안정된 뒤인 1950년대 일본에는 두 종류의 대조적인 부모가 존재했다. 하나는 아이들에게 '공부를 강요하는' 도시의 신중산층 부모이고, 다른 하나는 교육이 아닌 노동을 강요하는 농촌과 도시의 하층 가정 부모이다.

교육열의 양극화

아이들에게 공부를 강요하는 도시의 신중산층 부모들에게는 교육 과열과 지나친 입시 경쟁에 대한 비난이 쏟아지고, 아이들에게 노동을 강요하는 농촌과 도시의 하층 가정 부모들에게는 아이들 교육에 관심과 열의를 가지라고 훈계하는 분위기가 형성되었다.

올해(1954) 학령 아동은 작년보다 50만 명, 재작년보다는 100만 명 정도 늘었다. 그로 인해 대부분의 공립학교는 이 상태로는 2부제 수업이 아닌 3부제 수업까지 해야 할 형편이다. 상황이 이렇다 보니 좋은 환경을 갖춘 좋은 학교에서 아이를 공부시키려는 부모들이 유명 초등학교 입학시험에 몰려들었다. 경쟁률이 50대 1이 넘는 초등학교도 있다고 한다. 올해의 취학 아동들은 의무교육부터 고등학교, 대학교 그리고 취직까지 '좁은 관문'이 항상 따라 다니는 '십자가를 짊어진 아이들'이다. 하지만 유명 학교에 몰려드는 사람은 지망자를 다 합쳐도 전체 취학 아동의 1퍼센트도 되지 않는다. 나머지 99퍼센트는 어찌 되었든 간에 거주지 근처 학교에 간다. ─《아사히신문 朝日新聞》 1954년 1월 17일

99퍼센트의 아이들이 입학하는 공립학교는 교실과 교사가 엄청나게 부족했다. 1945년 전쟁터에서 돌아온 남성들이 결혼을 하면서 출산률이 크게 증가하여 초등학생 수가 급격히 늘어났기 때문이다.

문부성 조사에 의하면 2부제 수업을 하는 학교는 전국에 6,104

개 교이고 도시부가 압도적으로 많아 도쿄가 약 1,600개 교, 가나카와 1,044개 교, 오사카 686개 교, 아이치 54개 교이다. 그 외에 복도나 계단을 교실로 사용하는 곳이 817학급, 강당이나 체육관에 칸막이를 설치해 사용하는 곳은 819학급, 가옥이나 절을 빌려서 수업하는 곳이 1,160학급이다. 또한 50명 정원 교실에 7,80명을 몰아넣어 수업하는 교실이 1만 8,000개 교 이상이 된다. (중략) 문부성에서는 한 학급 50명을 기준으로 삼고 있지만 지금도 그 숫자를 지키는 학교가 없는 상황인데 인원수가 급증하면 어떻게 해야 할 것인가. 이 많은 학생을 가르치다 보니 교사들이 아이들에게 일일이 신경을 쓸 수가 없다. 미술 시간에는 옆 아이와 팔꿈치가 부딪혀 그림을 제대로 그릴 수 없고 체육관에 설치된 칸막이 교실에서는 옆 반 노랫소리에 산수 수업이 엉망진창이 되곤 한다. - 《아사히신문》 1954년 1월 17일

그렇다면 취학 아동의 1퍼센트만 입학한다는 유명 학교는 어떤 학교였을까? 우선 교원양성학교의 부속학교를 꼽을 수 있다. 도쿄교육대학東京教育大学, 오차노미즈여자대학お茶の水女子大學, 나라여자대학奈良女子大, 학예대학學芸大學의 부속고등학교가 유명하고, 유명 사립대학 부속 초·중등학교, 그리고 전쟁 전부터 이름이 알려진 유명 초·중학교 등이 여기에 속했다.

유명 공립학교에 아이를 입학시키려는 부모는 거주지를 옮기거

나, 그렇게 하지 못할 경우에는 '임시 거주'를 고려했다. 좋은 학교가 있는 학구에 부모 중 한 명이 아이와 함께 거주하거나, 아니면 임시로 아이만 거주시킨 것이다. 잘 아는 생선 가게나 야채 가게에 부탁해서 주민증을 그 집으로 옮기는 사람도 있었다. 도쿄 구청에 자녀를 위해 위장 별거 신고를 하는 부모들이 끊이지 않을 정도로 유명 학교 입학 열기는 대단했다.

《아사히신문》 1954년 1월 17일자에 소개된 유명 대학 부속학교 입학 경쟁 상황이다.

오차노미즈여자대학 부속 초등학교 원서 접수가 끝나면 뺑뺑이를 돌려 접수한 인원의 10분의 1을 남긴다. 그 다음 아동 개인 면접과 체력 검사를 하는데 응모한 남학생 40명과 여학생 56명 중 절반은 이 학교 부속 유치원에서 올라온 아동들이다. 1953년 응모자 수는 남자 900명, 여자 1,000명으로 경쟁률은 여자 40대 1, 남자 45대 1이었다. 1954년 경쟁률은 4, 50대 1에 이를 것으로 예상된다.

게이오대학 유치부 게이오대학 중등부와 보통부에서 원서 접수를 받는 전날 밤 학교 앞에서 밤샘을 하며 기다린 학부모들이 60명 정도 있었는데, 그중에는 추운 차 안에서 숯불을 피우는 사람도 있었다고 한다. 게이오대학 유치부에서는 이런 일이 벌어지지 않도록 접수 번호는 배부하지 않기로 했다. 1954년 경쟁률은 평균 15대 1로 예상된다.

도쿄교육대 부속 초등학교 남녀 각 60명 모집에 남자는 1,440명이 응모하여 경쟁률 24대 1, 여자는 797명이 응모하여 경쟁률 13대 1을 기록했다. 학교에서는 지능검사와 신체검사를 실시하여 여자는 2배, 남자는 3배까지 인원을 추려 낸 다음 추첨으로 합격자를 결정한다. 지능검사 방법으로 개인 면접도 실시하고, 학예대학 부속학교처럼 5,60명의 아이들을 한 방에서 자유롭게 놀게 하여 주의력 · 판단력 · 융화력 등을 몇 명의 심사관이 관찰하는 집단 면접도 실시한다. 부모들은 내 아이가 조금이라도 심사관들 눈에 띄도록 여러 가지 방법을 동원하고, 학교 측은 공정하게 선발할 전형 방법을 고심한다.

'십자가를 짊어진 아이들'. 유명 학교에 지망자가 몰려든다는 내용을 다룬 《아사히신문》 기사.

중산층의 과잉 교육

심리학에 빠진 어머니들

1950년대 중반 일본에서는 '심리학 마마' 또는 '심리 마마'라는 말이 유행했다. '심리학 마마'는 심리학에 과도하게 빠져든 신중산층 어머니를 일컫는 말이다. 예컨대, 심리학자들이 쓴 책을 열심히 읽고 그들의 조언대로 아이를 키우고, 지능검사(IQ 검사) 등의 심리학적 측정과 진단을 그대로 따르며, 심지어 검사 결과에 충격을 받아 아이와 동반자살을 시도하기도 하고, 유명 유치원에 입학시키려고 아이에게 지능검사 연습을 시키는 어머니들이 '심리학 마마'다.

유치원이나 초등학교 입학 전의 자녀를 동반한 어머니와 아버지들이 아침 9시부터 접수를 받는 검사장에 30분 전부터 줄을 서 기다리고 있다. 아이들에게 지능검사를 시키는 이유는 무엇일까? 만 여섯 살짜리 딸과 함께 지능검사장에 온 도쿄에 사는 한 어머니는 "딸을 경쟁이 심한 초등학교에 보내려고 생각하고 있습니다만 과연 그

학교에 들어갈 수 있을지, 만약 들어간다 해도 학교 공부를 따라갈 수 있을지 걱정이 되어서……. 지능검사 결과에 따라서 학교를 다시 생각해 봐야 할 것 같아서요." - 《아사히신문》 1952년 1월 13일

어머니들이 아이들의 지능지수를 검사하는 이유가 아이의 지능을 알고 싶어서가 아니라, 그것이 학교 선택의 중요한 기준이 되었기 때문이다. 기사에서는 이어 부모들이 아이들에게 "지능검사를 시키는 이유는 ① 좋은 유치원이나 초등학교에 보내기 위해 ② 지능지수를 높이기 위해라는 응답이 가장 많았고, 거의 중류층 이상의 부모들이 검사장을 이용하고 있다."고 설명했다.

각종 학원의 성행

'심리학 마마'와 함께 크게 유행한 것이 '쥬쿠塾'와 '오케이코お稽古'다.('쥬쿠'는 공부하는 학원, '오케이코'는 수영 · 음악 · 그림 · 외국어 회화 · 컴퓨터 등 예체능을 배우는 학원이다.) 1950년대 당시 도쿄에 사는 초등학교 5학년 여자아이가 쓴 작문을 보자.

저는 항상 화 · 수 · 금은 쥬쿠에 갑니다. 쥬쿠는 한 반에 20명 정도 있습니다만 모두들 열심히 공부합니다. 나는 다른 아이들보다는

공부를 잘 못합니다. 하지만 재미있습니다. 모르는 것도 알게 되고 또 학원에서 배우기 때문에 학교 수업도 이해하기 쉽습니다.

그리고 월·목은 붓글씨를 배우러 갑니다. 그래서 쉬는 날은 일요일뿐입니다. 3시에 학교를 마치고 붓글씨를 배우러 가는 것이 너무 힘들 때도 있습니다. 하지만 친구가 데리러 오기 때문에 함께 갑니다. …… 학원이 끝나는 것은 오후 6시입니다. 겨울에는 돌아가는 길이 어둡지만 친구가 있어 무섭지 않습니다. 그리고 공부하고 돌아가는 길은 정말 기분이 좋습니다.

이처럼 쥬쿠가 성행하면서 사회적 비난이 쏟아졌다.

요즘 거리의 쥬쿠는 중학교 진학을 앞둔 아이들로 가득하다. 교실은 꽤 넓어서 웬만한 시골 학교 크기다. 이런 입시 쥬쿠는 중류층 이상의 사람들이 사는 동네에 많다. 이 쥬쿠에 다니는 학생은 초등학생과 중학생 모두 합쳐 300명 정도인데, 그중 초등학교 6학년만 150명이다. 초등학생 담당 교사는 4명이고 중학생 담당은 3명이다. 매일 5시 반부터 7시 반까지 쉬는 시간 없이 공부하고, 섣달 그믐날까지 수업을 한다. 일요일에는 아침 9시부터 모의고사를 치르고 면접 연습도 한다. 아침 6시 반 정도부터 기다리는 아이들도 있으며, 가정부가 먼저 와서 줄을 서서 기다리고 있으면 자가용을 타고 시

간에 맞춰 오는 아이도 있다. - 《아사히신문》 1955년 12월 29일

크리스마스와 연말 분위기가 한창일 때 신문기자가 취재한 곳은 백화점이나 레스토랑이 아니라 쥬쿠였다. 쥬쿠가 학교교육 활동에까지 지장을 주면서 사회문제로 떠오른 것은 1970년대 이후지만, 이 기사에서도 알 수 있듯 이미 1950년대부터 도시에서는 거의 매일 쥬쿠에 다니는 아이들이 있었다. 오케이코도 마찬가지였다. 1950년대 '아동심리兒童心理'라는 잡지에서 주최한 좌담회에서도 오케이코 문제를 다루었다.

사회자가 중산층 사이에서 오케이코가 유행하는 것은 부모나 아이들의 허영심 때문인 것 같다고 말문을 열자, "그건 허영이 아니라 지금 그러한 것들을 해 놓으면 장래에 도움이 되기 때문이죠.", "아이들의 비행 방지에 도움이 된다고 생각해요.", "부모들의 허영이라기보다는 부모들 자신이 하지 못한 것들을 아이들에게 시키는 대리만족 아닐까요?" 등의 의견이 쏟아졌다.

전체적으로 아이들의 교육에 열심인 것은 좋은 현상이지만 과열된 교육열은 피해야 한다는 의견이었다. 1950년대 이후 쥬쿠가 성행하면서 자연히 사교육비 문제도 화제가 되기 시작했다.

교육학자 오오노 렌타로大野連太郎는 당시 과잉 교육에 앞장서는 도시 지역 신중산층 어머니를 다음의 세 종류로 분류했다.

① **교육투자형** 내 자식의 공부나 진학을 위해서라면 돈을 아끼지 않고 온갖 힘을 쏟는 어머니.

② **능력과시형** 내 자식의 잠재 능력에 과잉된 기대를 하고 온갖 오케이코를 시키며 힘을 쏟아 능력을 개발시키려는 어머니.

③ **심리학 마마** 심리학자들이 쓴 책을 열심히 읽고 그대로 아이를 키우려는 어머니. – **오오노 렌타로, 《교육과열 어머니와 아이教育過剰な母親と子ども》**

이 시기에 도시 중산층 가족의 높은 교육열에 대한 비판 여론이 높아지기는 했으나, 유명 초등학교와 중학교 입시나 쥬쿠·오케이코 등은 아직도 극소수의 도시 부유층과 엘리트층의 일에 불과했다.

그보다는 생활에 쫓겨 아이들 교육에 신경 쓰지 않는 부모들, 공부보다는 노동을 해야 하는 아이들의 문제가 컸다. 특히 농어촌 부모들이 아이들 교육에 더 신경을 써야 한다는 목소리가 높았다.

노동하는 아이들

취학 전 아이들도 그렇지만 초등학교에 들어가면 대부분의 아이
들이 '아기 보는 일'을 한다. 그 외에도 집 보기, 심부름, 물 길어 오
기, 목욕물 데우기, 빨래나 설거지 같은 집안일부터 시작해서 가축
돌보기, 농사일, 누에 키우기 등 나이가 들수록 집안 노동에 적극적
으로 참가한다. 특히 모심기나 수확 등 모든 농사일에 동원되어 여
름에는 풀을 베느라 어른들과 함께 진흙투성이가 되고, 겨울에는
추운 바람을 맞으며 보리밟기를 한다. 중학생들은 거름통을 메고
계단식 밭의 가파른 경사 길을 오르락내리락한다. 밤에는 지푸라기
를 쳐 짚신을 만들어야 하니 책 볼 시간은 전혀 없다. 아이들의 생
활시간을 조사해 본 결과 아이들은 노는 시간과 공부 시간을 전부
노동에 빼앗기고 있었다. **– 오가와 타로,《일본의 아이들》**

교육학자 오가와 타로小川太郎는《일본의 아이들日本の子ども》(1952)
에서 "일본의 아이들을 이야기할 때 가장 먼저 생각해야 할 문제는

아이들의 노동"이라고 했다.

"다시 한 번 부모가 되자"

당시 교사나 교육학자들이 보기에 농촌과 어촌 가정의 부모들은 봉
건적이고 비민주적이며 교육에 무관심했다. 사회학자나 지식인들도
모두 농촌 사회의 '봉건적 성격'을 극복해야 한다고 목소리를 높였다.
학교와 교사들은 빈곤과 불합리한 관습에 빠진 농·산·어촌의 마을
을 근대화하고 민주화할 길을 찾으려고 노력했다. 일본 전역에서 수
많은 교육적 실천이 이루어지고 관련 책도 많이 출판되었다.

　가장 대표적인 책이 1951년에 출판된 무차쿠 세이쿄無着成恭의《메
아리학교山びこ学校》다.《메아리학교》는 무명의 청년 교사 무차쿠가
야마가타 현의 산촌에서 행한 실천을 기록한 책이다. 무차쿠는 빈
곤에 빠져 있는 마을의 현실을 직시하고 학생들과 토론을 통해 문제
해결 방법을 모색하는 등, 인재를 키우고 산촌 문제를 해결하려고
노력했다. 다음 글은 당시 농촌의 한 교사가 쓴 시다.

　　아이들의 가정교육이

　　부모의 책임이라고 한다면

　　부모는 무엇을 어떻게 해야 하는가.

학교에 아이를 맡기지만 말고

다시 한 번 더 부모가 되어야 한다.

자신이 나은 알을

다른 새의 둥지에 넣어 두는

접동새가 되어서는 안 된다.

(중략)

부모는 우선

생리학자가 되어야 하고

심리학자가 되어야 하고

의사가 되어야 하며

교사가 되어야 하고

친구가 되어야 하고

아이들의 몸과 마음을

잘 아는 것이 중요하다.

― 마쓰마루 시마조松丸志摩三,《가정교육의 책임은 누구에게 있는가しつけの責任は誰に》

    이 시는 당시 교사나 교육학자들의 생각을 잘 보여 준다. 부모는 생리학자, 심리학자, 의사, 교사, 친구가 되어야 한다는 생각은 1장에서 소개한 하토야마의 자녀 교육법과 동일하다. 교사와 교육학자들은 전쟁 전 신중산층이 추구했던 자녀 교육법을 모든 계층의 부모들에게 전달하려 했다.

　이처럼 1950년대 일본의 하층 계층이나 농·산·어촌에서는 여전히 자녀들의 공부나 진학에 그다지 관심이 없었지만, 학력을 쌓는 것이 장래에 유리하고 경제적 능력과 여유가 있으면 아이들에게 좀 더 높은 교육을 시키겠다는 부모들의 의식은 점차 상류층뿐만 아니라 농촌을 포함한 모든 계층으로 확대되기 시작한다.

1952년 일본 혼슈 기후 현 나카쓰가와 시에서 실시한 계층별 가정교육 실태를 정리한 자료다.

① **단나슈브那衆(마을의 지주들)** 옛날에는 가家의 가풍에 맞는 예의와 관행을 중시하여 엄하게 가정교육을 했으나, 요즘에는 공부에 더 엄격한 경우가 많다. 그러다 보니 다도茶道, 꽃꽂이 같은 전통문화를 가르치는 등 자유롭게 키워야 한다는 새로운 이데올로기와 충돌하기도 한다. 소비생활은 비교적 금욕적이다.

② **상공업 계층** 새롭게 상승한 계층으로 '나는 배우지 못했지만 적어도 자식들만은……'이라는 생각에서 공부에 엄격하고, 학교 공부 외에도 주산 · 영어 · 바이올린 등의 교양도 아이들에게 요구한다. 예의범절은 그다지 엄하지 않다.

③ **공장노동자** 고급 회사원의 생활 모습을 추구하는 경향이 있다. 부모 자신의 낮은 학력과 급여에 대한 열등의식을 보상받고 싶은 마음 때문에 자식들에 대한 간섭이 심하다. 자녀에게 많은 애정을 쏟지만 사택에 모여 사는 경우 부모들의 경쟁과 허영심에 아이들이 희생되는 경향이 있다.

출처 : 오가와 타로小川太郎 · 오오타太田堯, 〈어린이의 삐뚤어짐과 사회의 억압子どものゆがみと社会の抑圧〉

학력 지향 의식의 확대

1949년 《요미우리신문》이 실시한 여론조사를 바탕으로 학력 의식을 분석한 교육학자 야마자키山崎鎮親에 따르면, 1949년 대부분의 사람들이 높은 학력 지향 의식을 가지고 있었다고 한다.

시키고 싶지만 시킬 수 없다

하지만 학력 지향 의식이 높다고 모든 계층의 아이들이 실제로 진학한 것은 아니었다. 자영업자와 월급생활자는 의무교육 단계보다 더 높은 교육을 '시키고 싶다'고 대답한 사람이 많았지만, 어업 종사자와 산업 노동자는 '시키고 싶지만 시킬 수가 없다'고 대답한 사람이 많았다.

1950년대 중반 야마나시 현山梨県의 조사에서도 학력이 필요하다는 의식은 중·하층까지 번져 있었으나, 노동력 필요와 경제적 사정이 현실적으로 아이들의 진학을 막고 있었음을 알 수 있다. 진학을 단념한 형, 누나가 열심히 일해서 남동생과 여동생을 진학시키는 경우도 많았다. 객지에 나가 방직 여공이 된 세 자매가 학자금을 공동 부담하여 남동생을 고등학교에 진학시키고, 중학생인 남동생을 진학시키려고 매달 수험 잡지를 보내는 식이었다.

진학하는 것이 장래에 유리하다는 의식은 번져 갔지만, 도시 신중산층 외의 다른 계층은 아직까지 아이들을 진학시킬 만한 경제적인 여유가 없었다. 전쟁 전에 비하면 학력이 이후 사회생활을 결정짓는 중요한 요소라는 의식은 높아졌으나, 신중산층과 도시 하층계급이나 농어촌 부모들의 교육 의식 격차는 20여 년 전인 1920년대와 별다른 차이가 없었다.

패전 후부터 1949년 봄까지 현장에서 일하는 육체노동자와 샐러리맨의 임금은 큰 차이가 없었으며, 두 계층 모두 전쟁 후의 악성 인플레이션으로 먹고살기 힘들기는 마찬가지였다. 당시 샐러리맨의 생활은 '중산층'이란 표현과 전혀 어울리지 않았다.

그러다가 1949년 이후 일본 경제가 인플레이션 시대를 마감하고 디플레이션의 길을 걷기 시작했다. 회사들이 기업 합리화를 외치며 인원 정리를 단행하면서 샐러리맨과 육체노동자의 임금격차가 다시 벌어지고, 샐러리맨의 지위도 '경영 보조자'로서 육체노동자보다 상위에 자리 잡기 시작하면서 '중산층 의식'이 점차 되살아났다.

그리고 뒤이어 일어난 한국전쟁(1950~1953)은 일본 경제의 중요한 전환점이 되었다. 전쟁 중 한반도에 출병한 미군의 보급 물자 지원, 파손된 전차나 전투기 수리 등을 일본이 대대적으로 하청 받으면서 일본 경제는 대폭 확대되었고, 1955년 이후 '고도성장기'에 접어들었다.

3장
교육 마마

고도성장기(1955~1972)

" '내 아이를 잘 가르쳐 주지 않는다', '내 아이에게
더 신경 써 주지 않는다'며 교사를 비난한다. 구체
적으로는 산수, 국어 등 입시 공부에 힘쓰지 않는
교사를 싫어하는 부모가 있다. "

고도성장이 낳은
소비사회의 풍경

목표는 국제수지 개선에 있다. 수입을 삭감하고 국내 구매력도 떨어뜨린다. 각 개인은 될 수 있는 한 소비를 줄이고, 소비를 하더라도 가능한 한 외국 상품을 사지 않는다면 그것만으로도 목표 달성을 돕는 것이다. …… 예를 들면 음식을 만들 때나 커피를 마실 때 한 사람이 하루에 설탕 한 숟가락을 절약하면 그것만으로도 1년에 천만 달러의 수입 부담이 경감되고, 그로 인해 중요 공업 원료의 수입을 늘릴 수 있다. ─ 내각부内閣府,《경제백서経済白書》, 1954년

일본 경제는 1955년부터 고도성장기에 접어든다. 하지만 1960년대 전반까지는 아직 국제수지 기반이 약하고 외화도 축적되지 않아 경제성장이 불안정한 상태였다.

산업기술혁명의 눈부신 발전

일본 정부는 1950년에 일어난 한국전쟁이란 특수수요를 일본 경제 확대의 기반으로 삼고, 그 사이 특수에 의존하지 않는 국제수지 균형 실현을 경제 자립의 달성 지표로 삼았다. 그리고 1년 후인 1955년, 일본 경제는 드디어 '경제 자립'을 달성했다. 하지만 그래도 외화가 부족했기 때문에 일본 정부는 적은 외화를 유용하게 사용하여 기업 합리화를 진행하고 무역수지를 개선하고자 노력했다.

1956년 이후에는 국철國鐵의 수송력이 한계에 달해 철강 등 기초 자재 공급이 원활하게 이루어지지 않는 등 기반 시설 부족 문제가 경제 확대의 걸림돌로 부각되자, 공업용 수도와 도로 · 항만 정비를 적극적으로 추진한다. 이에 따라 새로운 산업 입지를 구축하는 움직임이 활발해지고 적극적인 설비투자로 생산이 확대되면서 일본의 경제성장이 가속화되었다.

1960년 '이케다池田 내각'은 '소득배증계획所得倍增計画'을 내세워 10년간 일본의 경제 규모(국민총생산)를 2배로 올린다는 목표를 설정했다.█ 일본의 각 산업 분야는 경쟁이라도 하듯 새로운 기술을 도입

█ 구체적으로 1960년 국민총생산액 13조 6,000억 엔의 2배인 26조 엔을 10년 이내에 달성하겠다는 것이었다. 이어서 중간 목표로 1960년부터 연평균 11퍼센트의 경제성장을 유지하면서 이후 3년간 국민총생산액을 17조 6,000억 엔으로 올리겠다는

3장 _ 교육 마마

했다. 기술뿐만 아니라 새로운 소재와 제품 분야가 신산업으로 기대를 받았다. 그중 대표적인 분야가 석유화학공업이다. 화학공업 원료인 석유가 유기합성화학 기술의 발전과 함께 각광을 받으면서 기업 간 기술 도입 경쟁이 치열해지고 신규 참여 기업이 속출했다.

일본 정부는 적극적인 육성 정책을 내놓았다. 1955년 7월 '석유화학공업 육성정책'을 발표하고 분해법에 의한 에틸렌 생산을 국제경제력이 있는 규모로 추진한다는 목표 아래 관련 기업들을 지원하기로 했다. 1960년에는 에틸렌 생산뿐만 아니라 가공 제품 분야까지 지원 대상에 포함시키자 너도나도 석유화학공업에 모여들었다. 자동차 타이어 원료인 합성고무 육성 계획도 석유화학 방식에 따라 추진되어 국책회사인 일본합성고무주식회사가 설립되었다.

급성장한 석유화학공업은 일본의 고도성장기를 대표하는 신산업이 되었다. 석유화학제품의 국산화로 외화 절약 효과가 상당히 컸고, 다양한 플라스틱 가공 제품이 공급되면서 국민 생활도 변화하였다.

일본의 산업구조 변화에 석유화학공업 이상으로 큰 영향을 준 것이 각종 기계 제조공업의 발전이다. 그중 가장 중요한 분야는 자동차와 가정 전기제품 제조였다. 1950년대 중반까지만 해도 자동차공

계획을 세웠다. 그러나 일본 경제는 예상 이상으로 빨리 성장했다. 실질 국민총생산은 약 6년, 국민 한 사람당 실질국민소득은 7년 뒤(1967년) 2배로 증가했다.

업 분야는 소규모 기업들과 미성숙한 시장 환경 때문에 일본 자동차 회사가 해외시장으로 진출한다는 것은 꿈도 꿀 수 없었다. 기계 분야 전체를 봐도 조립 가공 부문이나 부품 제조 부문 모두 기술 수준이 낮고 자본 부족으로 설비 시설도 낡아 낮은 품질의 부품밖에 생산할 수 없었다.

기계공업 분야의 문제점을 해결하기 위해 일본 정부는 1956년 '기계공업 진흥 임시설치법'을 제정하여, 생산기술을 향상시킬 수 있는 합리화 계획을 세우고 이를 현실화할 환경을 조성하였다. 그 덕분에 각종 기계 부품의 품질이 향상되고 설비 근대화, 생산성 향상 등의 성과가 나타났다. 이는 자동차산업 등의 조립기계 공업화 발전의 중요한 기반이 되었으며, 일본 승용차 시대의 막을 여는 데 결정적으로 기여했다.

가전제품 부문에서는 라디오 · 텔레비전 등의 전자공업 기술 발전이 요구되었다. 이 분야는 기계 부품과 달리 생긴 지 얼마 되지 않은 신흥 산업으로서 시장 확대가 기대되어 많은 기업이 참여하였다. 1952년 말 텔레비전 생산 업체가 60개를 넘을 만큼 소기업이 난립하였지만 대량생산은 어려웠고, 제품 가격도 근로자 평균 월급의 6배에 달해 소비 확대도 기대하기 어려웠다.

일본 정부는 텔레비전 생산에 필요한 전자공업 기술이 원자력 생산과 함께 산업구조의 혁신을 이끌 것이라고 보고, 1957년 '전자공업 진흥 임시설치법'을 제정하여 트랜지스터 등의 반도체 제조 기술 개발을 추진하고 텔레비전을 미래 수출품으로 만들겠다는 목표를 설정했다.

텔레비전과 자동차에 빠진 사람들

경제성장의 성과는 산업과 기업의 근대화·합리화뿐 아니라 국민 생활도 크게 변화시켰다. 기업이 성장하면서 근로자의 소득이 늘고 자연히 소비도 늘었다. 특히 1950년대 중반부터 텔레비전, 세탁기, 냉장고가 '3종의 신기種の神器'로 불리며 급속도로 확산되었다.

1950년대 중반 도시지역에서 이 전자제품들의 보급률은 10퍼센트 정도에 불과했고 1957년에는 가장 많이 보급된 냉장고도 20퍼센트에 머물렀으나, 1965년에는 텔레비전 95퍼센트, 세탁기 78퍼센트, 냉장고 68퍼센트에 이르렀고, 1970년대 초반에는 세 종 모두 보급률이 90퍼센트를 넘었다.

패전 후 아무것도 없는 상황에서 열심히 일하여 하나씩 하나씩 물건을 사는 즐거움에 푹 빠진 사람들은 '3종 신기' 구입에 열중했다. 이와 관련한 웃지 못할 에피소드도 많았다. 가전제품 중에서 결혼한 여성들에게 가장 인기가 높은 것은 세탁기였다.

빨래판을 놓고 문지르는 손빨래는 고된 중노동이었다. 특히 아기가 있는 가정주부는 하루에 3~4시간을 기저귀 빠는 데 투자해야 했다. 세탁기가 상품화된 1950년 시바우라전자(현재의 도시바)는 "주부의 독서 시간은 어떻게 만들 수 있을까?"라는 광고 문구를 내걸었다. 1955년 세탁기 가격이 저렴해지면서 "재봉틀과 세탁기가 필수 혼수품"이 되었다. 농촌 여성들은 "기계한테 빨래를 맡기고 며느리는 논다"고 생각하는 시어머니들을 설득해야 했다.

텔레비전의 경우 초기 표준 모델인 14인치도 일반 샐러리맨에게는 그림의 떡이었다. "텔레비전은 평생 한 번 하는 쇼핑"이라고 선전되었다. 그러나 이후 놀라울 정도로 빠르게 보급되었다. 1953년 17~18만 엔의 고가였던 14인치 텔레비전 값은 1960년에는 5~6만 엔, 1961년에는 4만 8천 엔, 1962년에는 4만 5천 엔으로 급락했다.

세 평 남짓한 방 한 칸에 부부와 초등학생 아이 둘이 사는 가정에서 아이가 친구들에게 "우리 집도 텔레비전 샀다"고 거짓말을 하는 바람에 아이 친구들에게 보여 주려고 무리해서 텔레비전을 구입했다가 놓을 자리가 없어 옷장에 넣어 두고 텔레비전을 볼 때마다 옷장 문을 열어 놓고 보았다는 웃지 못할 에피소드도 있다. 아이들이 저녁만 되면 텔레비전이 있는 집에 가서 돌아올 생각을 하지 않아 어쩔 수 없이 텔레비전을 산 가정도 있었다.

냉장고도 마찬가지였다. "냉장고를 싸게 판다고 해서 사긴 샀는데 냉장고에 넣어 둘 것이 없어 얼음을 만들어 먹었다"는 식이다. 가게에 가서 그날그날 먹을 식료품을 구입해서 먹던 시절이었으니 어느 집이나 냉장고는 텅텅 비어 있었다. 5평 남짓한 방 한 칸에 살면서 냉장고를 들여놓았다가 밤중에 냉장고 모터 소리가 시끄러워 잠을 설쳤다는 사람도 있었다.

1960년대에는 일명 '3C'라 일컬어지는 컬러텔레비전, 에어컨, 승용차가 사람들이 꿈꾸는 소비 상품이 되었다. 컬러텔레비전은 1964년 도쿄올림픽 개최를 전후로 보급률이 급격하게 높아졌다. 다른 상품에 비해 훨씬 고가였던 자동차도 '3C'의 하나로 인기 구매 상품이 되기까지 그리 오랜 시간이 걸리지는 않았다. 《아사히연감朝日年鑑》(1961)에서는 '자동차 시대'란 제목으로 "자가용 차를 갖고 싶다는 열망은 젊은 사람뿐만 아니라 만인 공통의 욕망이 되었다"고 했다.

1950년대 중반 텔레비전을 고르고 있는 일본 사람들(왼쪽). 당시 많은 사람들에게 텔레비전은 그림의 떡이었다. 오른쪽은 자동차 대중화를 이끈 후지중공업의 '스바루 360'.

스바루 360 같은 성능 좋은 소형차를 판매하기 시작하고 자동차 쇼에 많은 사람들이 모였으며, 도쿄에서만 매년 60만 명이 자동차 운전면허시험을 치렀다. 아직 경자동차 값도 30~40만 엔 정도라서 많은 사람들이 돈만 생기면 언제라도 차를 구입하여 운전할 수 있도록 준비하고 있다. 사람들의 생활이 자동차화되는 것은 이제 시간문제다. -《아사히연감》, 1961년

1967년 본격적인 자동차 붐이 일어나고 1970년에 접어들면서 이제는 네 집에 한 대 꼴로 자가용을 보유하게 되었다.

중산층 90퍼센트 시대

슈퍼마켓이 정착한 것도 고도성장기 때이다. 준비되어 있는 장바구니를 손에 쥐고 주위 시선을 신경 쓰지 않고 마음껏 물건을 구경하며 쇼핑할 수 있는 슈퍼마켓의 등장은 새로운 소비 의욕을 심어 주었다. 정가보다 싸고 모든 식품과 잡화, 의료품이 한 곳에 모여 있어 손쉽게 구매할 수 있는 슈퍼마켓은 주부와 아이들에게는 편리하고 재미있는 장소였다.

인스턴트식품의 원조인 즉석 라면이 등장한 것은 1958년이다. 우동 한 봉지가 6엔이던 당시 즉석 라면 한 봉지 값은 35엔이었다. 소

93

매업자들은 가격이 너무 비싸지 않을까 걱정했지만 막상 매장에 내놓고는 깜짝 놀랐다. 고가의 라면이 불티나게 팔린 것이다. 뜨거운 물만 부으면 한 끼를 해결할 수 있는 즉석 라면은 새롭고 편리한 상품에 민감한 소비자들의 마음을 사로잡았다.

라면이 등장한 뒤 커피, 된장국을 비롯하여 바로 데워 먹을 수 있는 레토르트 식품까지 출시되면서 인스턴트식품 산업은 가파른 성장세를 보였다. 그 외에도 조미료, 맥주, 세탁용 세제, 샴푸, 가공식품, 과자 등이 텔레비전 광고를 통해 전국에 순식간에 알려지면서 사람들의 구매 욕구를 자극했다.

그러나 이케다 내각의 '소득배증계획'으로 시작된 1960년의 고도 경제성장 정책은 물가 상승이란 문제점을 낳았다. 1961년에는 3년 전 가격을 인상한 국철 운임이 또 올랐고, 우편물 요금도 올랐다. 1962년 가을에는 사철私鉄(민간 철도) 운임, 쌀값, 전기 요금, 신문 구독 요금 등이 인상되었다. 국민소득은 늘어났지만 가정에서는 항상 물가에 신경을 써야 했다.

주부 잡지인 《주부의 벗主婦の友》 기사를 보면 '비싼 물가에 대비한 부엌 전술'(1965년 1월호), '비싼 물가를 잘 넘기자'(1965년 3월호), '물가 상승과 부엌의 자위책'(1967년 1월호), '비싼 물가와 이렇게 싸운다'(1968년 2월호), '비싼 물가 속에서 교육비는 어떻게 준비하는가?'(1968년 3월호), '비싼 물가라도 저축은 할 수 있다'(1968년 5월호), '비

싼 물가를 헤쳐 나갈 수 있는 전국의 주부 25명의 지혜'(1969년 2월
호), '물가전쟁에 이길 수 있는 지혜'(1973년 4월호) 등 비싼 물가에 대
처하는 방법에 관한 내용이 많이 실려 있다.

　비싼 물가 속에서 주부들은 이래저래 아낀 돈으로 가전제품을 하
나씩 늘려 가며 늘어나는 교육비를 마련하고, 가계부를 들여다보며
어떻게 하면 자동차를 살 수 있을지 궁리했다. 1970년 일본 총무부
가 실시한 〈국민생활에 관한 여론조사〉에 따르면, 일본 국민의 90퍼
센트가 자신의 생활수준을 '중中'이라고 생각한다고 답했다.('중의 상'
이 8퍼센트 전후, '중의 중'이 50퍼센트, '중의 하'가 30퍼센트 전후였다.)

　패전 직후의 궁핍함과 비교해 보면 먹을 것이 충분하고, 집에는

1958년 닛신식품日淸食品이 발표한 세계 최초의 즉석면(왼쪽). 1957년 슈퍼마켓 풍경
(오른쪽).

세탁기와 냉장고와 컬러텔레비전이 있으며, 조금씩 저축을 하면 자동차도 꿈이 아닌 생활을 영위했으니 90퍼센트의 사람이 자신의 생활수준이 '상'은 아니더라도 '중' 정도는 된다고 느낀 것이다.

패자부활전 없는 사회

산업기술혁명 중심의 경제성장 정책은 교육정책에도 커다란 영향을 미쳤다. 특히 1960년대 들어 교육정책에 대한 '일본경영단체연맹日經連'과 '경영단체연합회經團連'의 발언권이 강해졌다.

능력주의 교육 도입

일본의 경제계는 산업구조에 맞는 노동력을 양성하라고 교육계에 요구했다. '기술혁신'과 '생산성 향상'을 기초로 한 고도성장정책이 산업구조와 노동력 수요 구조에도 영향을 미치면서, '산학협동産學協同'과 '능력주의' 원칙을 바탕으로 노동력 수요에 맞는 인재를 선별하고 분배하는 기관으로서 교육제도를 재편성할 필요성이 대두되었다. 경제 단체들은 학교제도의 다양화와 개개인의 능력과 적성에 맞는 교육법 등의 교육정책을 요구하였다.

이렇게 해서 '경제=교육정책' 공식이 성립되었다. 그 골격은 1963

년 경제기획청 〈'경제심의회의 인적능력부회経済審議会人的能力部会' 답신答申〉 중 '경제발전에 있어서 인적 능력 개발 과제와 대책'에서 만들어졌다.

그 내용을 보면, 우선 기술혁명과 경제성장에 요구되는 능력주의는 전략적 '하이 탤런트high talent' 양성에 중점을 둔다고 전제하고, "역동적인 기술혁신 시대"에는 과학기술자, 경영자, 노사 지도자층 등 "고도의 능력을 가진 사람"이 필요하므로 "학교교육은 물론 사회 전체가 하이 탤런트를 존중하는 의식을 가져야 한다"며 사람을 평가하는 기준과 가치관을 전환해야 한다고 호소했다.

또한 "하이 탤런트 소질을 일찍 발견하고 그것을 발전시킬 수 있는 적절한 교육".이 필요하다며, "교육 전체를 능력주의에 따라 철저히 개선"할 것과 "하이 탤런트 양성에는 대학 교육이 중요한 역할을 하지만 대학 교육과 연결되는 고등학교, 중학교 단계도 하이 탤런트를 발견할 수 있는 시기이므로 중요하다"고 강조했다.

하이 탤런트는 "동일 연령층 중에 지능검사 등으로 판단하여 상위 3위 내지는 5퍼센트"라고 하여 "좁게 생각하여 인구의 3퍼센트 정도이고, 준準하이 탤런트층까지 넣으면 5~6퍼센트 정도가 검토 대상이 된다"고 보았다.

'교육'이란 초기에 소질을 발견하여 계통적으로 계발하는 것이라는 인식을 바탕으로, 지능지수를 근거로 하이 탤런트를 판단한다는 점에서 '선천적 소질 결정론'에 치우쳐 있음을 알 수 있다. '능력주의 교육'에서 학교는 모든 아이들의 가능성을 발견하고 발전시켜 주는 장소가 아니라 하이 탤런트를 '발견'하고 선정하는 장소이며, 지능검사를 비롯한 여러 측정 도구들로 선천적 소질을 가진 하이 탤런트를 찾는 것이 교육의 목표가 된다.

한 마디로, 학교에서는 공부 못하는 아이는 내버려 두고 공부 잘하고 능력 있는 학생을 조기에 발견해 적합한 교육을 시키라는 요구이다.

어떻게 하면 능력 있는 아이를 빨리 발견해 키울 것인지만 중요할 뿐, 학교교육을 따라가지 못하는 아이들에 대한 고민은 없었다. 공부가 뒤떨어지고 진학 의욕이 없는 아이들은 노동력 부족으로 어려움을 겪는 중소기업의 노동력(황금알)으로 사용하면 된다고 생각했기 때문이다.

중졸자 인기의 명암

1960년대 전후 일본은 중졸 취업자의 노동력 부족에 시달렸다. 그래서 이때 중학교를 졸업하고 바로 취직하는 아이들을 '황금알'이라고 불렀다. 중졸 노동력 부족은 1960년대 전반 전국의 고등학교 진학률이 60퍼센트를 넘고 1963년 도쿄의 고등학교 진학률이 80퍼센트에 달하면서 생긴 결과였다.

중학교를 졸업하고 모두 고등학교로 진학해 버리기 때문에 단순 작업을 시킬 중졸 학력의 인력이 부족했다. 그리하여, 경제성장으로 인한 구인 수요는 가장 먼저 중졸자들에게 향했다.

기업들에게 중졸 노동자들은 가장 쓰기 쉬운 편리한 존재였다. 그들은 "사회적·직업적으로 경험이 없고, 정신적·육체적으로도 미숙한 노동자"이며, "그렇기 때문에 산업노동력으로서 어떤 산업 분야, 직업 분야에도 적응할 가능성"이 높았다. 게다가 임금이 싸고 순종적이었다.

> 올봄(1961) 중학교 졸업자는 구인 측에게는 '청어알과 같은 희소 가치'라 한다. 기록적인 구인난으로 떠들썩했던 작년에 비해 졸업 생 수가 36만 명이나 적은데도(패전 직후인 1945~1946년 출생자 수가 격감한 탓이다.) 불구하고 고등학교 진학 희망자는 더욱 늘어, 경제계 의 호황으로 일은 많이 있으나 일손이 부족한 상황이 되었다. 중앙 대기업에 밀린 지방의 중소기업들은 '지방 우선'이란 탄원서를 현 지사에게 제출하였다. -《아사히신문》 1961년 2월 4일

반면에 고졸자는 취업난으로 고통받았다. 중졸자보다 고졸자의 취직이 더 어려운 현상은 1950년대 후반부터 시작되었다. 중졸자와

고졸자의 노동시장이 달랐기 때문이다. 사무 종사자와 관리직·전문직 종사자가 명확하게 구분되면서 중졸자가 관리직·전문직에 종사하는 것은 불가능해졌다. 이런 상황에서 고등학교 졸업자는 증가하는데 이들이 일할 수 있는 직종은 그다지 많지 않았다.

이처럼 중졸자보다 고졸자가 취직에 불리한 현상은 1960년대 이후 완전히 해소된다. 오히려 중졸자보다 고졸자의 구인배율(기업체의 구인 수를 구직자 수로 나눈 수치. 구인배율이 높아질수록 인력을 구하기가 어려워지고 낮아질수록 취직하기가 어려워진다.)이 더 높아졌기 때문이다.

그 이유는 앞서 살펴보았듯 부흥 과정을 지나 기술혁명이 본격화되기 시작한 일본 기업이 좀 더 높은 수준의 노동력을 필요로 했기 때문이다. 즉, 단순 노무만으로는 현장의 노동 내용을 이해하기 힘들기 때문에 이해력이 좀 더 높을 것으로 기대되는 고졸자를 채용하는 경향이 생긴 것이다. 이처럼 1960년대 들어 공장의 생산 현장에서도 고졸자를 받아들이기 시작하면서 고졸자의 취업률이 높아지기 시작했다.

진학률이 점점 상승하면서 그전까지는 고등학교에 진학하지 않은 것은 가정형편이 어려워서라고 생각되었는데 1960년대부터는 개인의 능력이 없기 때문, 즉 공부를 못했기 때문이라고 보기 시작했다. 기업들은 중졸자 중에서는 우수한 인재를 기대하기 힘들다고 판단하고 고졸자 채용에 중점을 두게 되었다.

이제 중졸, 고졸 학력이 기업에 취업하는 데 가장 큰 요건이 되기 시작했다. 그런데 1960년대 이후 중졸과 고졸의 구인배율이 역전된 다음에도 여전히 구인난을 겪던 중소·영세기업은 학력을 따질 여유가 없었다. 이러한 구인난은 중소기업과 영세기업의 임금 상승을 초래했다.

대기업에 가려는 젊은이들을 붙잡으려고 때에 따라서는 대기업보다 더 많은 임금을 지불하는 중소기업도 있었다. 노동력 과잉 시대에는 기업이 임금을 정했지만, 노동력이 부족할 때는 기업 규모와 관계없이 초봉이 '동업 타사의 수준'이 될 수밖에 없다. 또한 사회적 평가 면에서 불리한 중소기업은 대기업보다 높은 임금을 지불하지 않으면 노동력을 확보하기 어려웠다.

하지만 초봉이 높다 해도 연령에 따른 승진을 고려하면 중소·영세기업은 취직 후 몇 년이 지나면 대기업과 임금격차가 벌어질 수밖에 없었다. 초봉이 평준화돼도 고용 안정성과 승진 기회, 노동시간, 복리시설, 보너스 등의 임금 상승 기대 가능성, 사회적 평가 등을 고려할 때 대기업이 중소기업보다 유리하다는 생각은 당시에도 강했다.

또한 중소기업에서 일하던 사람이 대기업으로 이동하는 것은 현실적으로 불가능에 가까웠으므로, 첫 취직이 그 사람 평생의 행운과 불행을 결정짓는 중요한 요소란 인식이 생겨났다. 학교 졸업 후 대기업 취직 여부가 평생을 좌우하는, 재시도의 기회가 없는 '패자부활전 없는 사회'가 만들어진 것이다.

황금알들의 집단 취직

'집단 취직'이란 용어는 1950년대 일본에서 사용된 '역사적 명칭'이다. 당시 매년 3월이면 지방 출신 중졸 취업자들(가끔 고졸 취업자도 포함되었다.)이 '집단 취직 열차'(1954년 개시)를 타고 대도시로 집중적으로 이동했다. '집단 취직 열차'는 관련 현이 기획하고(1962년부터는 교통공사) 국철이 협력하여 만든 임시 열차로, 취업 예정자를 태우고 도시로 향했다.

왼쪽 사진은 일본 동북 지방(아오모리 현, 이와테 현, 미야기 현, 아키타 현, 야마가타 현)에서 '집단 취직 열차'를 타고 도쿄 우에노 역에 도착한 아이들의 모습이다. 중학교를 막 졸업한 아이들의 앳된 얼굴에는 불안과 희망이 교차했다. 당시 우에노 역 역원은 '집단 취직 열차'가 역에 도착했을 때의 정경을 다음과 같이 전했다.

"'황금알'을 받아들일 회사 직원들이 플래카드를 들고 역에 마중을 나와 있었고, 역에서는 미아가 된 아이들을 찾는 방송이 나오곤 했습니다."

'집단 취직'이란 사용자들의 '집단 구인'에 맞춰 신규 졸업자가 집단적으로 '취직'하는 것을 가리키는 용어로, 1950년대 '학교나 직업안정소를 통해 다른 지역의 기업에 채용된 신규 졸업자들이 집단으로 고향에서 근무지로 향하는 것'을 지칭하는 용어로 사용되었다. 도시에 있는 대기업과의 구인 경쟁에서 밀린 중소기업과 영세기업들이 모여 직업안정소와 행정의 지원을 받아 공동으로 구인 활동을 함으로써('집단구인') 비용을 절약하고 정보를 공유하며 고용 조건을 같은 수준으로 맞추었다. 이렇게 일괄 채용함으로써 구인 경쟁력을 갖출 수 있었다.

구체적으로 'ㅇㅇ 상점가', 'ㅇㅇ 상공회'가 해당 도시의 직업안정소에 집단 구인을 신청하면, 직업안정소는 이를 구인 계획에 따라 특정 농촌 지역 직업안정소에 전달한다. 그러면 각 관할 지역의 중학교로부터 조건에 맞는 구직자를 소개 받아 채용을 결정한다. 중학교 졸업생들이 기차를 타고 우에노 역에 도착하면 구인 측인 상점회에 소속된 경영주들이 우에노 역에 마중 나와 버스로 상점회가 있는 장소까지 데려다 준다. 집단으로 입사식과 환영회를 하고 난 뒤 어린 노동자들은 각자의 상점이나 공장으로 뿔뿔이 헤어진다.

집단 취직은 농촌에서 도시로의 '민족 대이동'이자, 젊은이들에게는 직업인으로서 첫출발이었으며, 그 자체로 '청춘의 희망과 고뇌의 드라마'였기에 시대의 상징으로 매스컴에 자주 등장했다. 대부분의 도시 출신자들이 집에서 출근하는 데 비해, 지방 출신자들은 고용주의 집에서 함께 살거나 회사 기숙사나 친척 집 등 아는 사람 집에 살면서 다니는 경우가 많았다. 집값을 내고 아파트에 산다는 것은 임금 수준으로 보아 거의 불가능한 일이었다.

지방에서 올라온 어린 노동자들은 어른의 지시에 따라 순종하며 일하는 '간단히 쓸 수 있는' 노동력으로 인기가 높았다. 그러나 막상 당사자들은 자신이 단순노동에 종사하고 있음을 자각하고 있었고, 실제로 장래성도 그다지 없었기 때문에 의욕을 가지고 일하기 어려웠다. 고등학교에 진학하지 못하고 일해야 하는 상황에서 비롯된 강한 열등감이 노동 의욕을 더욱 떨어뜨렸다.

노동청 부인소년국과 총리부 홍보실에서 실시한 조사를 보면, 15~19세 노동자 중에서 일에 "아주 흥미를 가지고 있다"고 대답한 사람은 20퍼센트 전후밖에 되지 않으며, 어린 노동자가 일을 그만두는 비율도 아주 높았다. 특히 소규모 사업소일수록 이직률이 높고, 30~99

집단 취직자들을
마중 나온 상점
주인들.

명 규모의 사업소에서는 4명 중 1명꼴로 1년 이내에 이직하였다. 이
직률이 높다는 것은 적성에 맞는 직장을 찾아가는 과정의 시행착오라
고 볼 수도 있지만, 직업안정소나 중학교의 입장에서는 중개한 직업
소개가 적절하지 못했다는 평가도 될 수 있으므로 가능한 한 이직하
는 일이 없도록 '이직은 비행非行의 시작'이라며 어린 노동자들의 이직
을 막으려 했다.

중졸, 고졸이란 학력이 직접적으로 취업과 장래를 결정하는 요인이 되자 고교 진학률이 급상승하여 극심한 입시 경쟁이 벌어졌다. 대부분의 사람들이 적어도 고등학교는 나와야 장래가 안정된다고 생각하게 되었다.

일제고사 시행과 고교 서열화

1960년대 초는 전후 베이비붐 세대가 고등학교에 입학하는 시기로, 고등학교 진학 희망자에 비해 학교 수가 크게 모자라 입시 경쟁이 치열할 수밖에 없었다. 여기에 1961년부터 1966년까지 문부성이 중학교 '전국 일제 학력고사'를 실시하면서 전국적으로 '학력'에 대한 관심이 확대되었다.

'전국 일제 학력고사'는 각 지방 교육행정기관·학교·교사·학부모·학생들에게 자신의 상대적 위치에 대한 높은 관심과 서열 경쟁의식을 심어 주었다. 이때 생긴 전국 단위 평가 시스템은 '전국 일제 학력고사'가 폐지된 뒤에도 학구별로 진학 지도 자료 제공을 목적으로 한 '업자 테스트'(출판사 등이 만든 학력 테스트) 형태로 남게 되었다.

이처럼 1960년대에는 중학교 단계에서 학력 편사치(학력 수준을 숫자로 나타내는 방법. 편사치 50이 평균점이며, 최고 점수는 대략 편사치 75 정도, 최저 점수는 편사치 25 정도이다.)에 따른 학생들의 서열화, 그에 따른 진학 지역과 고등학교 간 서열화가 이루어졌다.

또한 교육 내용을 보통과와 직업과(경제계의 요구로 1960년대 고교 다양화 정책을 도입하면서 직업과가 생김)로 나누는 등 '능력에 맞춘 교육'이라는 명목 하에 학교 간 교육과정에 차이를 두어 보통과와 직업과 사이에 서열이 생겨 버렸다. 결과적으로 직업과는 '공부 못하는 아이' '능력이 없는 학생'이 가는 학과가 되었다.

1962년 일교조(일본교직원노조)와 어머니들은 모든 아이들을 고등학교에 진학시키자는 '고교전입운동高校全入運動'을 벌이며 고등학교 증설을 요구했다. 정부는 공업과와 상업과를 늘리려고 했으나, 학부모들은 그것은 선별과 차별을 바탕으로 하는 능력주의 교육노선이라고 비판하며 보통과를 중심으로 한 고교 증설을 요구했다.

대부분의 아이들이 고등학교에 들어갈 수 있게 된 고도 경제성장 말기(1974년 고등학교 진학률 90퍼센트 이상)에는 공립고등학교 간 서

열이 명확하게 생겨 '보농공상정普農工商定'(보통고등학교·농업고등학
교·공업고등학교·상업고등학교·정시제定時制고등학교순이다. 정시
제고등학교는 근로 청소년을 위한 고등학교로, 수업 형태는 학생들의 근
로와 생활에 맞춰 야간 학교, 주간 학교, 주간과 야간 둘 다 운영하는 학
교가 있었다.)이라는 말까지 생겼다.

　이처럼 1960년대에는 '적어도 보통고등학교는 나와야 한다'는 의
식이 부모와 아이들 사이에 자리 잡으면서, 부모들이 자녀 공부에
한층 더 신경을 쓰기 시작했다.

학력은 출세의 지름길

1960년대 이후 일본에서는 누구나 노력만 하면 높은 학력을 얻을 수
있고, 입신출세할 수 있으며 행복한 인생을 보낼 수 있다는 강한 학
력 의식(학력 신앙)이 자리를 잡았다.

　1964년 히로시마대학 교육학부에서 실시한 〈학력 의식에 관한 조
사 보고〉에 따르면, 부모의 학력이 높을수록 자녀에 대한 진학 기대
가 높고, 자녀가 자신보다 높은 학력을 가지기를 원한다는 것을 알
수 있다.

　고등전문학교나 단기 대학 이상의 학력을 가진 부모 중 96퍼센트
가 자식에게 대학 이상의 학력을 기대했다. 부모가 중졸인 경우는

약 91퍼센트, 초등학교 졸업인 경우는 약 72퍼센트로 부모의 학력이 낮아질수록 자녀에게 대학 이상의 학력을 기대하는 비율이 낮았다. 부모의 학력 수준에 따라 차이가 있기는 하나, 초등졸인 부모도 자식에게 대학 이상의 학력을 원했다는 것은 고학력에 대한 기대가 그만큼 컸음을 뜻한다.

1968년 내각 총리대신 관방홍보실에서 실시한 〈교육 문제에 관한 여론조사〉를 보면, '명문가나 부잣집에서 태어나지 않아도 실력만 있으면 상당한 지위까지 올라갈 수 있다고 생각합니까?'라는 질문에 대해 지역과 직업에 관계없이 응답자의 50퍼센트 이상이 '누구라도 상당한 지위까지 올라갈 수 있다'고 대답했다. 여기서 말하는 '실력'은 곧 '학력'을 의미한다. 지역과 직업의 차이는 있지만 40~50퍼센트의 사람이 '학력이 없으면 인정받을 수 없다'고 대답했다.

한편, 실력을 쌓으려면 '되도록 더 높은 학교에 들어가 기초적인 힘을 기르고 난 뒤 사회에 나가는 것이 좋다'와 '되도록 빨리 사회에 나가 실제적인 지식과 기술을 익히는 것이 좋다' 중 어느 쪽이 나은지 묻는 질문에는, 높은 학교에 들어가는 쪽이 낫다고 답한 사람이 40~50퍼센트에 달했다. 명문가나 부잣집에서 태어나지 않아도 누구나 노력만 하면 상급 학교에 진학할 수 있고, 고학력자가 되어야 사회에서 인정받고 출세할 수 있다는 의식이 강했음을 알 수 있다. 이는 곧 지식과 기술이 있어도 학력이 없으면 출세하기 힘들다는 의

교육 문제에 관한 여론조사

질문 1 : 지금 일본에서는 명문이나 부잣집에서 태어나지 않아도 실력만 있으면 상당한 지위까지 올라갈 수 있다고 생각하는가?

단위 : %

분류	항목	그렇다	그렇지 않다
	전체	50.6	33.7
지역별	도쿄 도	56.8	30.9
	6대 도시	43.5	42.4
	인구 10만 명 이상의 시	54.6	32.8
	인구 10만 명 미만의 시	49.7	32.0
	읍촌	47.7	33.6
직업별	농림어업	54.2	31.9
	상공 서비스업 · 자유업	52.9	34.2
	전문기술자직 · 사무직	51.8	39.3
	노무직	44.4	40.5
	주부	52.6	30.6

질문 2 : 실력을 키우기 위해 필요한 것은? 사회에서 인정받으려면 실력과 학력 중 무엇이 더 중요한가?

단위 : %

분류	항목	실력을 키우기 위해서는		실력이 있으면	
		상급 학교에 진학하여 기초 학력을 가지고 사회에 나간다	빨리 사회에 나가 지식과 기술을 배우면서 실력을 쌓는다	학력이 없어도 인정받을 수 있다	학력이 없으면 인정받을 수 없다
	전체	46.4	15.1	18.4	44.1
지역별	도쿄 도	49.5	10.1	26.8	14.4
	6대 도시	50.4	14.1	21.8	41.6
	인구 10만 명 이상의 시	49.3	14.4	18.1	45.8
	인구 10만 명 미만의 시	44.1	17.3	17.3	43.9
	읍촌	42.6	16.3	15.7	44.1

직업별	농림어업	44.5	16.8	18.5	47.5
	상공서비스업 · 자유업	48.6	19.1	26.1	42.4
	전문기술자직 · 사무직	56.4	8.0	15.5	51.4
	노무직	44.7	19.3	23.9	38.4
	주부	45.2	14.1	15.9	44.4

출처 : 내각총리대신관방홍보실内閣総理大臣官房広報室,《교육 문제에 관한 여론조사教育問題に関する世論調査》, 1968년

식이 팽배했음을 의미한다.

1950년대까지는 상급 학교에 진학하는 데 경제적 · 문화적 억제 요인이 작용했다. 일본 전체적으로 개인 소득이 전반적으로 낮았기 때문에 중 · 하류 계층에서는 상급 학교에 진학하는 것이 간단한 일이 아니었다. 경제적 요인 외에도 각 계층별 문화적 차이도 상급 학교 진학에 영향을 끼쳤다. 예를 들면, 농가에서는 '농가의 대를 잇는 데 학문은 필요없다' '공부를 하면 게을러진다' 등의 의식이 강해 상급 학교 진학에 소극적이었다. 그러나 1960년대부터 상급 학교 진학을 억제하는 요인이 사라지면서 모든 계층으로 진학 경쟁이 번졌다.

또한 1960년 '소득배증계획'을 추진하면서 개인 소득과 개인 소비가 매년 확대되고, 농촌에서도 1960년 중반 이후에 겸업 농가가 늘면서 소득이 증가하는 등 진학 경쟁을 억제하던 경제적 장벽이 점차 사라지면서 상급 학교 진학률이 높아지기 시작했다. 이처럼 1960년

3장 _ 교육 마마

대는 '좋은 학교 → 좋은 회사 → 행복한 인생'이라는 성공 스토리가 일본의 모든 계층에 침투한 시기였다.

1946년생인 작가 아오키 에츠靑木悅는 고도성장기를 이렇게 회고했다.

당시는 일을 하면 할수록 돈이 들어왔습니다. 부모님은 집도 사고 자식들을 대학에 보냈습니다. 자식들도 '대기업'에 들어가기 위해 열심히 공부하여 모두 도쿄로 나갔습니다. 누구나 노력만 하면 '유명 대학'에 가고, 누구나 노력만 하면 '대기업'에서 '출세'할 수 있다고 생각했습니다. 전전戰前과 같이 한정된 계층의 사람만 대학을 갈 수 있는 것이 아니라 갈 생각만 있으면 아르바이트를 해서라도 대학에 갈 수 있었습니다.– 고도성장을 생각하는 모임高度成長を考える会,《고도성장과 일본인PART 2 가족생활이야기高度成長と日本人 PART 2 家族の生活の物語》

새로운 어머니들
'교육 마마'

상급 학교 진학률 상승, 입시 경쟁, '좋은 학교→좋은 회사→행복한 인생'의 성공 스토리는 자녀를 키우는 부모들, 그중에서도 특히 어머니들에게 큰 영향을 주었다.

내 자식을 좋은 학교에 진학시키는 데 열성인 어머니가 늘면서 1960년대 새롭게 출현한 단어가 '교육 마마'다. 이를 한국 식으로 표현하면 '치맛바람'이라고 할 수 있다.

교육 마마의 교육 의식

교육학자 니세키 타카미二関隆美는 '교육 마마'를 "자녀들의 학교교육과 학교 성적에 강한 관심과 기대를 갖고 평가하는 반면, 가정생활·지역 생활 등 학업 이외의 생활 분야 육성에는 관심과 배려가 부족하고, 예절 교육과 생활지도에 관한 교육 의식이 낮은 어머니"라고 규정하였다.

교육 마마는 아이들의 인격 형성이나 전인 교육에는 전혀 관심이 없고 오로지 입시 공부에만 신경을 쓴다. 공부도 어머니가 직접 가르치는 것이 아니라 학원이나 가정교사 등에 의존한다. 그리고 교육의 목적을 개인의 참다운 성장에 두지 않고, 교육을 오로지 좋은 성적, 좋은 학교에 보내기 위한 수단으로 여긴다는 것이다.

이는 곧, 공부에 아무리 열성적이더라도 아이들의 예절 교육, 생활 교육, 인격 형성 교육에 힘쓰고 공부도 어머니가 직접 가르친다면 교육 마마가 아니라는 것이다. 그래서 전쟁 전 신중산층 어머니들도 자녀 공부에는 어느 누구보다도 열성이었지만 비난받지 않았다. 비난은커녕 하토야마처럼 훌륭한 어머니로서 선망의 대상이 되었다. 공부 이외의 교육에도 열성이었기 때문이라고 해석할 수 있다.

교육 마마란 단어는 1960~70년대까지 일본 대중매체에 자주 등장했다. 당시의 보도 내용을 통해 당시 부모들의 교육 의식이 어떠했는지 살펴보자.

교육 마마란 말이 처음 등장한 것은 1961년 '일본日本'이란 잡지에서였다. 《일본》에서는 "허영심이 강해서 자식을 일류 학교에 넣는 것을 어머니의 훈장이라 생각하고 있다"고 교육 마마를 비난하며 사례를 들어 교육 마마의 심리를 분석했다.

도쿄의 한 동네에 샐러리맨들이 사는 주택가가 있다. 단층집이

나란히 줄서 있는 그곳의 주민들은 평사원으로 일하는 회사원의 가족들이다. 그 근처에 최근 고급 아파트가 몇 채 생겼다. 그 아파트는 집값이 비싸서 회사 중견 간부급 정도 되는, 흔히 말해서 잘나가는 사람들이 주로 산다. 단층집에 사는 주민들은 그 아파트가 자신들의 생활을 내려다보고 있는 것 같아 불쾌한 느낌이 든다고 한다. 단층집에 사는 아이들과 아파트에 사는 아이들이 같은 학교에 다니는데, 교사들은 어느 날 흥미로운 사실을 발견했다. 단층집 어머니쪽이 교육 마마가 많다는 것이다. 그 어머니들의 교육열은 아파트에 사는 어머니들이 따라갈 수 없을 정도였다. 교사들은 자녀들을 향한 높은 교육열이 남편에 대한 기대를 포기한 데서 비롯된 것이라고 말하였다.

'사회적 지위와 경제력이 있는 집안의 어머니보다 그렇지 못한 집안의 어머니가 교육 마마가 되기 쉽다', 곧 남편의 출세를 포기한 대신 자식의 사회적 출세를 기대하는 어머니의 심리에서 비롯된 현상이 교육 마마라는 것이다. 실제로《요미우리신문》의 〈인생안내〉란을 1950년부터 1975년까지 분석한 결과를 보면, 1960년대 고민 상담중에 부모 자신의 학력과 교양이 낮기 때문에 자식만은 반드시 대학을 보내려 한다는 내용이 종종 보인다.

대학 2학년인 딸과 고등학교 3학년, 1학년인 아들을 둔 어머니입니다. 공무원인 남편은 학력이 부족해 정년이 코앞인데 승진다운 승진도 못 하고, 고학력의 젊은 사람들에게 밀려 지방 도시만 돌고 있습니다. 자식들에게는 최고의 교육을 시키고 싶어 오랫동안 사고 싶은 것도 사지 않고 나를 죽여 가며 살아왔습니다. (중략) 남편은 술을 마시면 '나는 출세를 못 했지만 자식 셋이 대학을 나와 훌륭하게 출세하면 결국은 인생의 승리자'라고 자신을 달래듯이 얘기합니다. – 《요미우리신문》 1966년 8월 4일

'나는 출세를 못 했지만 자식 셋이 대학을 나와 훌륭하게 출세하면 결국은 인생의 승리자'라고 말하는 아버지의 모습에서, 학력으로 인해 회사나 사회에서 받은 불이익과 그로 인한 '학력 콤플렉스'가 부모들로 하여금 내 자식만은 어떻게 해서라도 대학에 넣겠다는 생각을 갖게 만들었음을 알 수 있다.

이처럼 경제력과 학력이 떨어지는 부모가 교육 마마가 된다는 주장도 있지만, 반대로 시간적·경제적으로 여유가 있는 어머니가 교육 마마가 된다는 주장도 있었다.

교육 마마가 되는 여성은 샐러리맨 남편을 가진 여성이다. 생활 수준이 높아지면서 가전제품의 도움으로 가사노동이 예전보다 상

당히편해지고 남편의 월급만으로 생활할 수 있는 계층이 증가하면서 교육 마마가 출현했다. 교육 마마는 경제적 · 생활적인 여유를 내 자식 교육에 쏟는 사람들이다. – 《아사히신문》 1967년 11월 10일

경제적으로 여유가 없는 사람은 내 자식만은 출세시켜 여유 있는 생활을 누릴 수 있게 하려고 교육 마마가 되고, 반대로 시간과 경제력이 있는 사람은 여유가 있으니 그만큼 자식 교육에 신경을 쏟는다. 결국 모든 계층의 부모가 교육 마마가 된다는 이야기다.

아이 성적은 부모 책임

어머니들의 교육열이 높아질수록 학교와 교사에 대한 주문도 많아질 수밖에 없다.

학교와 교사를 비난하는 부모들이 많다. 비난 내용은 결국 '내 자식'만 생각하는 이기주의다. '내 아이를 잘 가르쳐 주지 않는다', '내 아이에게 더 신경 써 주지 않는다'며 교사를 비난한다. 구체적으로는 산수, 국어 등 입시 공부에 힘쓰지 않는 교사를 싫어하는 부모가 있다. 교사들은 넓은 의미의 교육, 부모들은 입시만을 위한 좁은 의미의 교육을 요구한다. (중략) 부모들이 사회적 지위와 경제력을 동

원하여 무리하게 공부시켜 우등생을 만든다. -《가정과 교육家庭と教育》
1960년 12월

1960년대에는 1950년대에 비해 새로운 교육에 관심을 갖고 이해
해 주는 부모들이 늘었으나, 그만큼 극성스러운 교육열로 인해 학교
나 교사들의 교육 방식에 불평을 늘어놓는 부모들이 증가했다.

자식 교육에 관심이 많은 교육 수준 높은 부모들은 교과서 내용이
좋다, 나쁘다 지적하며 비난을 쏟아내기도 했다. 교육잡지에서는 이
러한 부모들의 행동이 아이들을 '오치 코보래おちこぼれ'(학교 공부를
따라가지 못해 뒤처지는 아이)·낙오자·열등아로 만들고, '공부 노
이로제'와 '학교를 싫어하는 아이'를 만드는 원인이라며 부모의 과도
한 교육열을 비난했다.

흥미로운 점은, 부모의 높은 교육열을 비난하면서도 한편으로는
'가정교육(학습)과 학력의 관계' '가정교육을 잘하면 아이들 학력이
는다' '공부 잘하는 아이 성격 만들기' 등 자녀의 학업 성적이 부모에
게 달려 있다고 강조했다는 사실이다.

지금까지는 학교에 가서 공부를 열심히 하는 방법을 생각해 왔지
만, 그보다 더 중요한 것은 어릴 때부터 가정에서의 생활입니다. 어
머니도 아버지도 자녀들과 함께 공부해야 합니다. 자녀들이 틀리면

야단을 치면서, 막상 어머니 아버지가 문장을 써 보면 틀린 곳이 많을 겁니다. – 《가정과 교육》 1966년 11월

아이들 학력을 높이려면 먼저 부모들이 공부를 해야 한다는 말이다.

성격은 유전이라기보다는 태어나서 성장할 때의 생활환경이 크게 좌우한다. 그런 의미에서 가정의 역할은 중요하다. 부모로서 내 자식을 공부 잘하는 아이로 키우려면, 이 같은 성격 만들기에 대해 진지하게 생각하는 것이 멀리 돌아가는 것처럼 보이지만 의외로 지름길이 될 수도 있다. – 《가정과 교육》 1963년 4월

위의 기사는 공부 못하는 성격으로 '덤벙대는 성격' '침착하지 못한 성격' '변덕스런 성격'을 꼽고, 반대로 '끈기 있는 성격' '열중하는 성격'은 공부를 잘하는 성격이라며 "부모 자신이 어떤 것이라도 좋으니까 뭔가 열중할 수 있는 일, 끈질기게 계속 하는 일을 가져야 하고, 그런 모습을 자녀들에게 보여 주는 것이 무엇보다도 자녀들에게 큰 영향을 주어 공부 잘하는 성격을 만드는 것이다."라고 결론 내린다. 결국은 자녀들이 공부를 잘하고 못하고는 가정에서 부모가 어떻게 키우는지에 달려 있다는 것이다.

완벽한 어머니를 원하는 사회

1960년대 들어 자녀들의 공부·진학·입시가 부모들의 최고 관심
거리가 되고 교육 마마가 비난을 받기도 했지만, 교육 마마를 일부
어머니들의 욕심이 아닌 급격한 고도성장이 가져온 사회변화의 산
물이라고 보는 견해도 있었다.

현대 부모의 교육 과잉, 교육 투자열은 노후에 대한 불안에서 비
롯되었다. 자녀에게 남겨 줄 재산이 없는 샐러리맨 가정은 '학력 유
산'이라도 남겨 주어 그것으로 자녀들의 장래가 안정되면 노후에
대한 부모의 막연한 불안도 해소되기 때문이다. "가족제도는 없어
졌으나 노후 보장 제도가 아직 확실히 만들어지지 않은 일본 사회
가 교육 마마를 만들었다. – 《아사히신문》 1966년 9월 18일

교육 마마가 생긴 것은 일본 학교와 교육계의 문제 때문이다. 세
금으로 운영하는 공립학교들이 '1류 학교', '2류 학교' 등의 학교 서
열을 인정하고, 그것을 온존하여 '1류 학교'에 몇 명 보냈는지를 교
사의 지도력이라 착각하며, 심지어 학부모에게 가정교사를 붙이라
고 요구하는 등 공교육을 포기한 교사도 있다. 이런 상황이 그렇지
않아도 '내 자식' 교육에 정신없는 어머니들을 조장하고 있다. – 《아
사히저널》 1967년 7월 16일

교육 마마를 무조건 비난하기보다는 교육 마마가 될 수밖에 없도록 만든 사회구조를 비판한 것이다. 그러나 사람들의 시선은 여전히 어머니의 교육 태도를 비난하는 데 집중되어 있었다.

'교육 마마'를 비판하는 내용을 간단히 정리해 보면, 아이의 정서교육·인성 교육은 나 몰라라 하고 성적에만 신경 쓰는 엄마, 공부도 집에서 어머니가 직접 가르치지 않고 가정교사나 쥬쿠 등 남한테 맡기는 엄마가 문제다. 어머니라면 공부는 물론 정서교육·인성 교육도 시키고, 아이가 어떻게 공부하고 있나 신경을 쓰면서 옆에 앉아 공부를 봐 줘야 한다. 한 마디로, 모든 어머니가 1장에서 소개한 하토야마가 실행한 자녀 교육법으로 교육을 시키라는 것이다.

즉, 단순히 교육에 열성인 어머니를 비판한 것이 아니라, 교육자로서의 어머니, 심리학자로서의 어머니, 의사로서의 어머니, 가정교사로서의 어머니, 즉 완벽한 어머니가 되지 못한 어머니를 비판한 것이다.

완벽한 어머니를 원하는 사회가 교육 마마란 용어를 만들어 냈음을 알 수 있다.

모든 계층의 어머니들이 '교육 마마'가 되어 버린 1960년대. 일본 어머니들은 자녀 공부와 관련하여 어떤 고민을 갖고 있었을까? 교육 잡지 《PTA 교실PTA敎室》(1958년 '어머니와 생활母と生活'로 제호 변경)의 〈교육 상담〉 코너에 실린 내용을 보자.

어떤 가정교사가 좋은지 가르쳐 주세요

동네 번화가에서 가게를 하고 있고, 중학교 1학년, 초등학교 4학년·2학년 아들이 있습니다. 일 때문에 초등학교 때부터 지금까지 아들 둘을 쥬쿠에 보내 공부시키고 있습니다. (중략) 학교 선생님은 아직 어리니까 그다지 걱정하지 않아도 된다고 말씀하시지만, 역시 장래를 생각하면 지금 공부를 봐 주지 않으면 아이가 불쌍하다는 생각이 듭니다. 막내를 생각하면 가정교사를 불러 아이 셋을 공부시키는 게 어떨까 생각합니다. 가정교사를 쓸 경우 어떤 점에 주의하면 좋은지 가르쳐 주세요. –《어머니와 생활》1960년 10월

공부를 어떻게 가르치면 될까요?

초등학교 5학년, 2학년 남매를 두고 있습니다. 아들이 3학년 때까지는 공부를 봐주려고 노력했고, 그 덕인지 성적이 나쁘지 않았습니

다. 그때까지만 해도 아이가 공부하는 내용이 제가 이해할 수 있는 범위였습니다. 하지만 4, 5학년이 되면서부터는 부끄러운 이야기지만 내용이 어려워서 가르칠 수가 없습니다. 어떻게 하면 좋을까요? 저도 지금부터라도 공부를 할까 합니다. 여러분들은 어떻게 자녀들 공부를 봐주고 있습니까? -《어머니와 생활》 1960년 12월

가정학습법 좀 가르쳐 주세요

경제적인 이유로 근처 병원에서 가정부로 일하고 있습니다. 할머니에게 아이들을 맡기고 나가는 건 불안하지만 어쩔 수 없습니다. 단지 걱정은 아이들 공부를 어떻게 봐 줘야 할지…… 밤에 공부할 양을 정해서 내주고 있지만 텔레비전만 보고 하려 하지 않습니다. 특히 5학년 장남과 차남이 걱정됩니다만 저도 일을 하기 때문에 시간이 없고, 장남 공부에만 신경을 쓰면 막내 두 아이가 희생이 되고, 막내들을 신경 쓰면 장남을 봐줄 수가 없고, 어떻게 해야 할지 고민입니다. 아이들을 어떻게 지도하면 좋겠습니까? -《어머니와 생활》 1964년 6월

아이들을 쥬쿠에 보내고 가정교사를 알아보고, 경제적으로 어려운

가정에서는 어머니가 아이들 공부를 직접 가르치려고 애를 쓴다. 자녀 공부가 어머니의 생활에서 이렇게 큰 비중을 차지하다 보니 어머니들의 스트레스도 이만저만이 아니었다.

아이가 덤벙거리는 성격이라 걱정입니다. 시험 볼 때 문제에서 '맞는 것에는 ○을, 틀린 것에는 △를 하라'고 적혀 있는데도 △를 적는 곳에 ×를 적었어요. 또 선을 그어야 하는 곳에는 선을 긋지 않았습니다. 1년간 계속 이런 문제로 고민이 되어 그때마다 이런저런 방법으로 노력은 해 봤습니다만 그래도 고쳐지지 않습니다. 세 살 버릇 여든까지 가는 것일까요? 요즘은 아이 공부 때문에 항상 짜증이 나고 우울증 증세가 있습니다. –《어머니와 생활》 1962년 6월

'아이가 공부를 못해 절망적이다', '모든 신경이 아이의 공부에만 가 있다'……. 1960년대 이제 자녀의 공부나 성적이 생활의 최우선 과제가 된 일본 어머니들의 한숨은 깊어만 갔다.

아이들의 반란

안정성장기(1973~1991)

> " 교사에게 소화기를 집어던지거나, 청소 밀대로
> 때리고, 발로 차는 정도는 보통 어느 학교에서나
> 일어나는 일이었고, 그 외에 교사 급식에 설사약
> 을 넣고, 여교사 머리에 라이터로 불을 지르고, 성
> 추행을 하는 등의 행동이 특히 중학교에서 많이
> 발생했다. "

경쟁 체제의 심화

1955년 이후 20여 년 동안 지속된 일본의 경제성장은 1973년 11월 아랍 산유국들의 석유 무기화 정책이 불러온 제1차 오일쇼크로 종말을 고했다. 노동시장 현황을 보면 1973년까지는 고도성장 절정기와 크게 다르지 않게 유지되다가, 1974년 들어 일반 구인이 대폭 줄어들면서 중도 채용 삭감·중지, 인사이동, 임시 휴업, 희망퇴직자 모집 등 고용조정을 하는 기업이 급증했고 잔업 시간은 대폭 감소했다. 대기업을 중심으로 한 감량 경영 체제의 영향은 1976년부터 본격적으로 나타나기 시작했다.

노동시장 변화의 충격

고등학교 졸업자의 취업률은 1974년 48.0퍼센트에서 1975년 44.6퍼센트로 1년 사이 3.5퍼센트가 낮아졌다. 전후 최대 저하율이다. 대학 진학 희망자는 1974년 44.2퍼센트에서 1975년 47.3퍼센트로 3.1

퍼센트 증가했다. 이는 전후 최대 상승폭이다. 하지만 4년제 대학과 2년제 대학 진학률은 1976년의 38.6퍼센트를 정점으로 점차 낮아지는데, 이는 대학 정원 억제 정책 때문이었다. 1970년대 일본의 고등교육 정책은 대학 설치 기준을 엄격하게 적용하여 입학자 총량을 억제하면서 사학 조성금을 통해 교육 여건을 개선하는 방향으로 나아갔다.

노동시장은 1975년에서 1976년 사이 대기업을 중심으로 감량 경영 체제가 궤도에 오르기 시작하면서 정규직 노동자를 최소한으로 줄이고 노동 밀도를 높임과 동시에 부족한 부분은 잔업 시간 연장과 파트타임 등의 저임금 노동력으로 충당하는 쪽으로 바뀌었다.

이에 따라 1976년 3월 고졸자 구인 수가 1974년의 절반으로 줄었다. 대기업 취직자의 감소로 많은 고교 졸업생들이 진학 지원자로 빠졌으나, 대학 입학 정원 억제로 인해 대학·단기대학 진학자는 그다지 늘지 않고 대부분 '무직자' 또는 '교육·훈련기관 등 입학자'로 체류하게 되었다. 이러한 상황은 다시 대학 입시 경쟁률을 높였다.

게다가 대량 인사이동, 임시 휴업, 희망퇴직자 모집 등의 고용 조정책은 신규 졸업자 노동시장에 끼치는 직접적인 영향 이상으로 사회적인 불안과 경쟁의식을 조성하였다. 특히 기업의 고용 조정 대상이 중·노년층을 향하면서 중·노년층의 고용 불안이 커졌고, 이러한 불안은 고등학생을 둔 부모 세대에게 큰 자극이 되었다. 중·노

년에 가까워진 부모들의 '살아남기 경쟁'과 그 자녀들의 '입시 경쟁',
이 두 가지 '능력주의 경쟁'이 동시에 진행된 것이다.

입시 경쟁의 정점, 대학

고도성장기 때의 입시 경쟁이 고등학교 입시에 한정되었다면, 1970
년대 중반 거의 모든 아이들이 고등학교에 진학하게 된 뒤로는 대학
이 입시 경쟁의 마지막 장소가 되었다.

'좋은 대학'에 들어가는 것이 교육의 최종 도달점이 되면서, 대졸
학력이 사회 진출의 불가결한 요소가 되었다. 대학 진학은 기업 사
회에 참여하는 길을 확보하고 취직 자리를 마련하는 보증수표가 되
었다. 그리고 자연스럽게 '대졸'이라는 학력 이외에도, 어느 대학을
나왔는지가 중요해진다.

1977년 《마이니치신문每日新聞》 조사에 따르면 '입시가 어려운 대
학일수록 유능한 인재가 많다고 생각하는가?'란 질문에 일류 기업
100개사 사장의 55.8퍼센트가 '그렇게 생각한다'고 대답했다. 그러
다 보니 유리한 '취업 패스포드'를 취득하기 위한 경쟁은 대학 재학
중의 성적 경쟁보다는 대학 입학 경쟁 쪽으로 쏠렸다.

이처럼 대입이 장래 인생을 좌우할 취직이란 출구를 확보하는 경
쟁이 되면서, 대학 입시 방식이 전 사회적 관심사로 떠올랐다. 일본

정부는 1979년 입시 지옥을 완화시킬 대응책으로 '대학 공통 제1차 학력시험'을 도입하였다. 학생들에게 인기 있는 국립대학들이 학교 수업만으로는 풀 수 없는 어려운 문제를 입학시험에 출제하면서 사교육이 성행하게 되었다는 진단 아래, 국·공립대학 입학 지원자를 대상으로 기초학력을 테스트하는 시험을 치르기로 한 것이다.

하지만 이 시험은 의도와는 달리 전국 규모로 수험생을 서열화하고, 성적 서열이 대학 서열화와 직결되는 결과를 낳았다. 그리고 대학 서열화가 고등학교 서열과 연결되면서 고등학교 입시 경쟁이 더욱 치열해졌다. 중학교에서는 학생들의 진로를 지도하며 고등학교 순위와 학생의 성적이 맞는지 알아보고 지망 학교를 정하도록 했다. 학생들은 업자 테스트(출판사 등이 만든 학력 테스트)의 편사치와 내신 평점에 따른 정밀한 성적 순위에 맞춰 지망 학교를 정했다. 고등학교의 경우 보통과·직업과·사립·공립 등 학교마다 특성이 달랐음에도 불구하고, 최종적으로 대학 서열과 연결해서 학교 순위가 정해졌다.

서열화된 아이들

좀 더 높은 서열의 대학과 고등학교에 입학하기 위한 진학 경쟁은, 사회 구성원이 인정한 서열 순위에서 자신(또는 내 자식)이 어느 자리에 있는지를 공표하는 자리였다. 서열화된 입시 경쟁은 대학 입시, 고등학교 입시뿐만 아니라 중학교 입시에도 커다란 영향을 끼쳤다. 좀 더 높은 서열의 학교에 가려는 진학 경쟁은 대학을 정점으로 고등학교, 중학교 단계까지 경쟁 체제를 만들어 냈다. 좋은 대학에 가려면 대학 입시에 유리한 고등학교에 가야 하고, 그런 고등학교에 가려면 고등학교 입시에 유리한 중학교에 가야 한다.

이러한 사회적 분위기는 진학에 민감한 도시의 화이트칼라 계층을 중심으로 퍼져 갔다. 그리고 다음 단계에서 유리한 위치를 얻기 위한 방법 중 하나로, 추천을 통해 대학에 들어갈 수 있는 시스템이 마련된 계열 사립고등학교나 중·고 일관사립학교(중고교 과정이 통합된 '에스컬레이터식 학교')가 주목을 받았다. 지역 단위마다 다른 학군제도와 시험제도, 그리고 공통 1차 시험 등 경쟁 조건이 달라질 때마다 고민해야 하는 공립학교보다는, 진학 경로가 확보되어 있는 사립학교에 진학하려는 학생이 증가하면서 새로운 진학 경쟁이 생겨났다.

도쿄대 합격자 순위에서 그전까지 상위권을 차지하던 유명 도립고등학교가 몰락하고 그 자리를 유명 사립고등학교와 국립대 부속고등학교가 차지하기 시작하면서, 사람들의 관심은 중고교 과정이 통합된 일관사립중·고등학교에 집중되었다. 사립고등학교의 지위 상승은 시험 없이 진학할 수 있는 일관사립중학교나 유명 사립중학교의 입학 경쟁을 촉발시켰다.

전에는 일부 도시 엘리트층만 참가할 수 있었던 사립중학교 입시가 1980년대 전후에는 (아직 많은 숫자는 아니지만) 하나의 선택지로 등장했다. 하지만 사립학교 입시는 도시지역에 한정된 현상이었다. 농촌이나 중소 도시의 경우 일류 대학 진학률이 높은 유명 공립(현립)고등학교를 중심으로 한 학교 서열 구조가 여전히 견고했다.

도시지역에서도 공립학교 간 서열 구조는 여전히 남아 고도성장 말기인 1970년대 초에 자리 잡은 '보통고등학교―농업고등학교―공업고등학교―상업고등학교―정시제고등학교' 서열과, 보통고등학교 중에서도 진학하는 학생이 많은 학교와 취업하는 학생이 많은 학교 사이의 차이도 여전히 존재했다.

학교 수업 내용도 1963년 발표된 능력주의 교육노선이 반영되면서 변화를 겪는다. 문부성이 1968년 발표한〈학습지도요령〉에 따라 '수학, 이과 교육의 현대화'를 도모하고 국어는 학년별로 한자漢字 수를 늘리는 등 각 과목의 수업 내용이 대폭 늘어났다. 그리고 1970년대 중반, 수업에 따라가지 못하는 아이들, 즉 '오치 코보래落ちこぼれ'라는 용어가 등장했다.

이 용어가 등장한 내력은 이렇다. 1971년 6월 전국교육연구소연맹에서 발표한〈의무교육 개선에 관한 의견 조사 보고서〉가 사회 전체에 큰 충격을 주었다. 이 보고서는 초등학교 교원의 65퍼센트,

중학교 교원의 80퍼센트가 '반 이상의 학생이 수업을 잘 이해하지 못한다고 생각한다'는 결과를 담고 있었다. 이후 '오치 코보래' 문제는 학교 문제의 키워드가 되었다.

이 문제를 다르게 해석하는 시각도 있다. '오치 코보래'는 실제 학교 공부를 따라가지 못하는 아이들이 많아져서가 아니라 내 자식이 공부가 뒤쳐지면 큰일이라고 생각하는 부모가 많아지고, 학력 문제 해결 대책을 학교에 직접 요구하는 부모가 증가한 결과 생긴 말이라는 것이다.

어쨌거나 사회 전반의 교육열이 높아지면서 일본 교육은 그때까지 경험해 보지 못한 각종 난제들과 마주하게 되었다.

버블경제의 그늘

1980년대 들어 일본 경제는 오일쇼크의 위기를 넘기고 호경기에 접어든다. 흔히 말하는 일본 '경제 버블기(1980년 중반~1990)'다.

버블기에는 몇 십만 엔, 몇 백만 엔 하는 명품이 불티나게 팔리고, 고급 레스토랑은 예약조차 힘들 정도로 번창했다. 기업에서 대학생들을 대거 채용하면서 취업난이 아니라 구인난이 벌어졌다. 기업에서는 면접을 보러 오는 것만으로도 지원자에게 고액의 교통비를 쥐어 주었고, 채용 내정자에게 정식 발령이 나기 전까지 연수 명목으로 호화 해외여행까지 시켜 주는 곳도 있었다.

　여러 기업에 중복으로 채용되어 어느 회사에 입사할지 고민하는 지원자들이 많아서, 기업은 원하는 인재를 다른 회사에 빼앗기지 않으려고 여러 가지 특전을 제공했다. 면접을 마친 입사 지원자들에게 식사를 대접하기도 했는데, 2차 면접·최종 면접으로 올라갈수록 요리 수준이 올라갔다고 한다. 극심한 취업난으로 고민하는 현재 일본 젊은이들로서는 상상할 수 없는 취업 에피소드들이 많았다.

　아이들의 일탈이 시작된 것은 이처럼 일본 사회가 한창 호경기를 구가할 때였다. 1970년대에 등장한 '오치 코보래'가 이후 '학교폭력', '이지메', '등교 거부' 등의 형태로 발전하면서 1980년 이후 아이들의 일탈은 일본의 심각한 사회문제가 된다.

유치원에서 대학까지
광범위해진 입시 경쟁

1974년 일본의 고등학교 진학률이 90퍼센트를 넘고 거의 모든 아이들이 고졸 간판을 따면서, 학부모들의 관심은 단순히 고등학교 입학이 아니라 어떤 고등학교에 진학하는지에 집중되었다. 모든 부모들이 일류 대학 진학률이 높은 일류 고등학교에 자식을 입학시키고 싶어 했다.

입시 관련 기사의 폭증

잡지와 주간지에 실린 수험 관련 기사 수를 분석한 자료를 보면, 당시 일본 사회 전체가 입시에 얼마나 큰 관심을 갖고 있었는지 알 수 있다. 1975년 전후 잡지에 실린 수험 관련 기사의 특징을 꼽아 보면 다음과 같다.

첫째 '입시 대책'이나 '대학 난이도' 등 입시 전문 잡지에서만 다루던 기사가 《플레이보이プレーボーイ》, 《헤이본 펀치平凡パンチ》, 《주

간 현대週刊現代》 등의 일반 대중 주간지에 등장하기 시작했다.

둘째, 신문사 계열 주간지가 한꺼번에 각 대학 입학자들의 출신 고등학교 순위를 게재하기 시작했다. 그전까지만 해도 도쿄대 등 일부 대학의 출신 고등학교 순위를 신문에서 게재하긴 했어도 주간지에서 거의 모든 4년제 대학을 대상으로 합격자들의 출신 고등학교 입학 순위를 게재하기 시작한 것은 이때부터다.

셋째, 쥬쿠나 중·고등학교 입시 관련 기사가 양적으로 증가했다. 쥬쿠 기사는 양적으로 늘었을 뿐만 아니라, 기사 내용도 단순한 광고가 아니라 '전국 우량 쥬쿠 목록' '좋은 쥬쿠, 나쁜 쥬쿠 구별하는 법' (《주간 요미우리》 1975년 10월 25일) 등 실용 기사가 늘었다. 또한 중·고등학교 입시와 관련하여 유명 사립중학교나 국립대 부속중학교에 자

일반 잡지 · 주간지에 실린 수험 관련 기사 수

출처 : 이누이 아끼오乾彰夫, 《일본의 교육과 기업사회日本の教育と企業社会》

녀를 합격시킨 부모들의 체험담이나 합격 대책 기사가 눈에 띄기 시
작한다. 이런 기사들은 특히 여성 주간지에 많이 등장했다.

　이 시기에는 유아기부터 대학 입시, 취업까지 넓은 범위의 수험
관련 기사가 신문사 계열 주간지부터 젊은이들 잡지, 여성 잡지에까
지 고루 실렸다. 광범위한 계층의 사람들이 수험 전반에 높은 관심
을 갖고 있었음을 알 수 있다.▐

불안한 부모들

1974년 창간된 '교사와 학부모가 함께 교육 문제를 생각하는 잡지'
《무럭무럭のびのび》(아사히신문朝日新聞 1974년 3월~1978년 3월)의 특집 기사를
보면 입시 경쟁의 심각성을 다루는 내용과 함께, 쥬쿠와 유명 사립

▐　1970년대 중반 잡지에 실린 교육 관련 기사는 다음과 같다. '대학 수험 긴급 리서
치, 당신이 절대 합격할 수 있는 대학은 이곳이다'(《플레이보이》 1975년 11월 27일),
'특집 수험, 이기기 위한 필독 정보, 수험생과 그 가족들이 시험 전 절대 하면 안 되
는 것들'(《주간현대》 1975년 2월 13일), '광란의 진학쥬쿠 붐, 어느 어머니의 '교육이
야말로 좋은 투자'론'(《여성 세븐》 1975년 3월 12일), '육아 철저 강좌, 수험전쟁에
이길 수 있는 육아학, 자녀를 초일류 고등학교, 대학에 넣으려면 세 살부터도 늦
다'(《미소》 1976년 5월 15일), '불경기 중에도 취직에 강한 대학 · 학부, 불경기를 이
겨 나가려면 지금 이러한 3대 정보가 필요하다'(《헤이본 펀치》 1975년 12월 8일), '대
학 선택 정보, 5년 후의 취직 전선에 절대 유리한 대학 · 학부는 여기다'(《주간 현대》
1976년 1월 15일).

학교 소개가 나란히 게재되어 있다.▮▮

사실 이 잡지는 공립학교를 비난하며 사립학교를 소개하는 교육 잡지였다. 입시 경쟁은 점점 치열해지는데 공립학교 교육의 질은 떨어지고 있으니 쥬쿠를 보내 사립학교에 자녀를 입학시켜야 한다는 것이었다. 이런 기사를 보며 어머니들의 불안은 더욱 커졌다. 《무럭무럭》 독자 페이지의 〈나의 본심〉에는 그러한 어머니들의 소리가 실려 있다.

이 잡지를 읽으면 읽을수록 아이들 교육에 대한 안심보다는 불안한 마음만 점점 더 커집니다. 예전보다 어려워진 수업 내용이나 그 수업에 따라갈 수 없는 아이들이 늘고 있다는 얘기를 들을 때마다 부모들은 불안해지고 가정에서는 어떻게 하면 좋을지 모르겠습니다. - 《무럭무럭》 1975년 3월

이 시기에는 유아 교육에 대한 관심도 커진다. '세 살 전까지가 아

▮▮ 《무럭무럭》에서 쥬쿠를 소개하는 기사 제목은 다음과 같다. '또 하나의 학교 · 학습 쥬쿠'(1974년 11월), '사립학교는 지금'(1976년 2월), '사립학교라서 할 수 있다'(1977년 1월), '유명 사립중학교 입시 문제'(1978년 2월), '유니크한 실전을 하고 있는 사립학교 소개, 사립학교에 보내고 있는 부모들의 체험담'(1977년 1월), '공립학교는 진짜 교육이 아니다'(1977년 1월).

이에게 가장 중요한 시기이므로 모자 관계가 중요하다', '0세에서 3세까지 뇌가 급성장한다' 등 모자 관계와 유아 교육의 중요성을 외치는 잡지 기사와 서적이 쏟아졌다.

이때 출간된 유명한 유아 교육 서적 중 하나가 일본 소니SONY의 창시자 중 한 명인 이부카 마사루井深大가 쓴《유치원에서는 너무 늦다幼稚園では遅すぎる》이다.《유치원에서는 너무 늦다》는 1971년 초판 발행 이후 증쇄를 거듭하며 꾸준히 판매되었고, 2008년에 개정판이 발행될 정도로 지금까지도 인기를 끌고 있다. 이 책은 '아이의 능력은 0살 때부터 키워야 한다' '능력은 유전자가 아니라 환경에 좌우되기 때문에 어머니의 역할이 중요하다' 등 유아 교육에서 어머니의 역할을 강조하고 있다.

이처럼 1970년대에는 대학 입시뿐만 아니라 유아 교육 등 자녀 교육 전반으로 관심이 확대되고, 전 사회적으로 입시에 대한 관심이 급격히 상승했다.

비난받는 어머니들

'사회악'이 된 교육 마마

입시열과 교육열이 뜨거워지는 가운데, '오치 코보래'와 같은 50, 60
년대에는 전혀 예측할 수 없었던 아이들 문제가 여기저기에서 터져
나오면서 당황한 일본 사회는 비난의 화살을 교육 마마에게 돌렸다.
특히 미디어는 학교 문제, 가정 문제 등 아이들과 관련된 문제를 모
두 교육 마마 탓으로 몰아붙였다.

> 아버지의 부재로 인한 아이들의 정서적 결핍 문제를 가정에서 어
> 머니가 대신 보충해 줘야 하는데도 어머니들은 아이에게 공부만 강
> 요하고 있다. 지금의 학교교육은 아이들을 시험지옥에 빠뜨려 자기
> 만의 생각을 가질 수 없고, 상상력이나 개성도 키울 수 없는 교육이
> 다. 하지만 교육 마마는 이러한 교육 구조도 모른 채 엘리트 코스를
> 향한 교육에만 신경 쓰고 있다. -《주간아사히週間朝日》 1973년 2월 16일

여기에 1970년대 일본의 또 다른 사회문제로 떠오른 '아버지 부재'도 교육 마마 탓이 되었다. 아버지가 바빠서 가정에 머무르지 못하면 어머니가 아버지의 빈자리를 채워 줘야 하는데, 그것도 모르고 아이들에게 공부만 강요한다. 지식 위주, 암기 위주의 획일적인 교육 구조 문제를 어머니가 잘 이해하고 파악해서 개성과 상상력을 키울 수 있는 가정교육을 해야 하는데, 그런 교육은 뒷전이고 아이들을 일류 학교에 보낼 생각만 한다는 비판이다. 그러면서 언론은 '아버지 부재'라는 사회문제와 획일적인 교육으로 상상력과 개성을 억압하는 교육 문제의 해결책을 모색하라며 어머니들을 꾸짖었다.

이제 교육 마마는 일본 사회의 '동네북'이 되었다. 언론은 교육과 관련 없는 분야의 문제도 교육 마마에 빗대어 비판했다. '주부 매춘'의 원인은 주부들이 자식 교육비를 벌려고 나선 때문이며(《주간신조週間新潮》 1975년 7월 31일), 석유 값 인상에 관한 통산성通産省의 주먹구구식 정책은 머리 나쁜 수험생에게 참고서만 잔뜩 사다 주고 가정교사를 붙여 합격을 비는 교육 마마와 같은 행태(《아사히신문》 1975년 11월 21일)라는 식이었다. 교육 마마는 1970년대 '사회악'의 대표 이미지가 되어 버렸다.

교육 마마들이 자녀 교육에 쓰는 비용도 선정적으로 과장되어 보도되었다. '20만 엔 정도의 월급을 가정교사에게 지불' '교육비가 수입의 절반 이상' '연간 300만 엔을 교육비에 지출'(《여성자신女性自身》 1975년 5월 22일) 등의 기사가 잇달아 실렸고, 심지어 '아들을 일류 중학교에 합격시켜 주면 그 보답으로 선생님께 세계일주 여행을 시켜드립니다……' (《여성자신》 1975년 3월 27일)라는 기사까지 등장했다.

입시전쟁이 빚은 참극

교육 마마가 연루된 사건도 잇달아 미디어에 등장했다. 1973년 아들의 폭력을 견디다 못한 어머니가 아들을 목 졸라 살해한 뒤 경찰서에 자수한 충격적인 사건이 일어났다. 이 사건의 전말은 다음과 같다. (《주간신조》 1973년 2월 16일)

대학 재수생인 A군(21세)은 갑자기 괴성을 지르면서 공부방에서 뛰쳐나와 "내 머리가 나쁜 건 모두 네 탓이야"라며 어머니(49세)에게 죽도竹刀를 휘둘렀다. 아버지(57세)가 말리면 죽도로 집 안의 물건을 다 부숴 버렸다. 그렇게 한번 뒤집고 나면 아들은 조용히 공부방으로 들어갔다. 하지만 조금 있다가 또 나와 어머니에게 죽도를 휘두르고 나중에는 아버지에게도 행패를 부렸다. 이런 생활이 3일간 계속되었다. 어머니는 3일 동안 한숨도 자지 못한 채 자고 있는 아들의 얼굴을 들여다보며 '왜 이렇게까지 되었을까. 그래도 지금까지는 아버지에게는 달려들지 않았는데 오늘은 아버지에게도……. 내일은 또 어떤 일이 일어날까……' 생각했다.

중학교 2학년 때까지만 해도 A군의 성적은 최상위권이었다. 당시 담임교사는 "조금 신경질적인 성격이긴 했지만 성적은 항상 우수했습니다. 매일매일 공부하는 노력형이었습니다"라고 말했다. A군은 새로 도입된 학군제도 때문에 본인이 가고 싶은 유명 고등학교에 못 갈 수도 있다는 강박관념에 사로잡히면서부터 무너졌다. 성적도 떨어졌다. A군은 중학교를 졸업한 뒤 노이로제로 정신과에 입원했고, 그 때문에 도립고등학교 진학을 포기하고 사립학교에 진학하지만, 1년 뒤 다시 노이로제 증세가 재발하여 정신과에 입원했다. A군은 고등학교를 졸업하고 유명 대학을 지망했지만 실패하고 재수 학원에 다니기 시작했고, 그 상황에서 참극이 벌어졌다.

1975년에는 학교에 불을 지른 아들을 목 졸라 숨지게 하고 부모도 자살한 사건이 일어나 또 한 번 사람들을 충격에 빠뜨렸다. 이 사건을 자세하게 다룬 기사의 제목은 '전국 교육 마마를 섬뜩하게 만든 '방화 아들 살인'의 교훈'(《주간산케이週刊サンケイ》 1975년 3월 15일)이었다.

K군(14세)이 다니는 중학교 강당에서 화재 사건이 일어났다. K군은 자신이 방화했다고 자백했고, 이 사건 외에 5건의 화재 사건도 자신의 소행이라고 했다. 경찰서에 가는 도중 K군은 형사에게 "엄마는 항상 나에게 '공부해, 공부해'란 말만 해서, 그게 싫어서……"

라고 방화 동기를 털어놨다.

 K군 어머니의 교육열은 동네에서도 유명했다. 만나면 항상 아이 공부 걱정이었고, 밤에는 아이 옆에 앉아 공부를 가르쳤다. 하지만 어머니가 열심히 하면 할수록 K군은 공부가 싫어졌다. 학교 성적도 그다지 좋은 편은 아니었다. K군 어머니는 흔히 말하는 '교육 마마'의 허영심도 있었다고 한다. 어머니는 K군의 성적으로는 불가능한 고등학교 진학을 포기하지 않았다. K군은 자백한 뒤에도 방화에 대한 죄책감이나 반성하는 기미가 전혀 없었으나, 어머니 애

'입시 노이로제 아들을 목 졸라 숨지게 한 어머니의 참극'(왼쪽), '전국 교육 마마를 섬뜩하게 한 '방화 아들 살인의 교훈'(오른쪽) 기사.

기가 나오자 눈물을 보였다. 담임교사는 K군이 어머니를 실망시키고 싶지 않았지만 성적이 오르지 않아 상당히 상처를 받았던 것 같다고 얘기했다. K군의 장례식 때 동급생 대표는 "K군이 죽지 않으면 안 되는 이 세상을 원망합니다"라고 말했다.

이 사건을 취재한 《주간산케이》는 "정상이 아닌 수험전쟁이 이런 어머니를 만들었다"며, 아들을 살해한 범인은 '수험전쟁'이라고 지목했다.

수험전쟁이 심각한 사회문제
가 되기 시작한 1970년대, 교육
마마를 소재로 한 소설《순수한
전사들素直な戦士たち》(1978)이
출간되었다. 일본 경제소설의 대
부이자 나오키상 수상 작가인 시
로야마 사부로城山三郎가 쓴 이
소설은, 1979년 NHK에서 드라
마로 방영될 만큼 큰 화제를 모

교육 마마를 소재로 한 소설
《순수한 전사들》.

았다. 이 소설은 한 가족의 '도쿄
대 합격 수험 전사 양성 계획'을 담고 있다.

주인공 치애의 인생 목표는 엄청나게 머리 좋은 아들을 낳아서 도
쿄대 법학부에 입학시키는 것이다. 그런 아들을 낳기 위해 치애는 결
혼 전부터 치밀한 계획을 세운다. 우선 결혼은 25세에 하겠다고 정한
다. 25~26세 때 여성의 몸 상태가 가장 좋아 머리 좋은 아이를 낳을
확률이 높기 때문이다. 결혼 상대는 아이큐는 높지만 출세욕이 없고

취미도 없는 사람이어야 한다. 남자의 출세욕과 취미는 머리 좋은 아이를 낳아 키우는 데 방해가 될 뿐이다. 치애는 여러 학설을 참고하여 머리 좋은 아이가 태어날 확률이 높은 계절과 성관계 시 체위까지 정해 놓았다. 결국 치애는 아이큐 153에 출세욕이 없는 무취미의 남자 아키오와 중매로 결혼하여 임신에 성공한다. 임신 중에는 태교, 식사, 운동, 가정생활 등 모든 것에 주의를 기울인다. 도쿄대 합격자 발표 날에는 뱃속의 아기와 함께 학교에 가서 기념사진을 찍어 집에 붙여 놓는다. 그렇게 해서 태어난 아들이 에이이치로다.

치애는 영재교육에 관한 책을 꾸준히 읽으며 새로운 학설이 나오면 그에 맞춰서 새로운 교육 계획을 세웠다. 치애의 계획대로 에이이치로는 공부 잘하고 엄마 말 잘 듣는 아이로 성장한다. 하지만 치애의 인생 계획에서 하나가 어긋나 버린다. 둘째 아이를 4, 5년 터울로 낳으려 했는데 한 살 터울로 남동생 켄지가 태어난 것이다. 치애는 아무 계획 없이 태어난 아이가 머리가 좋을 리 없다고 생각하고 둘째 아들은 전혀 신경 쓰지 않고 모든 인생을 에이이치로에게 건다.

가족들의 생활은 온통 에이이치로의 공부에 맞추어 돌아간다. 텔레비전은 벽 캐비닛에 넣어 놓고 남편 아키오와 둘째 아들 켄지는 이어폰으로 텔레비전을 본다. 전화기도 시끄럽지 않게 이불로 덮어 둔다.

치애는 에이이치로가 도쿄대에 들어가기 전까지는 화장을 하지 않겠다고 선언한다. 켄지는 형 공부를 방해한다며 엄마에게 항상 야단을 맞는다. 한편, 초등학교에 입학한 에이이치로는 학교 생활이 재미가 없다. 학교 공부는 너무 쉬워서 따분하다. 어릴 때부터 친구와 놀아 본 적이 없는 에이이치로는 상대방을 배려할 줄 모르는 자기중심적이고 이기적인 성격이 되어 버렸다.

남편 아키오는 그런 에이이치로를 걱정하지만, 치애는 입시 경쟁에서 좋은 성격은 전혀 도움이 되지 않는다고 무시한다. 둘째 켄지는 형에게만 신경 쓰는 엄마에게 불만을 느끼지만 호기심 많고 적극적인 성격으로 성장한다.

에이이치로는 치애의 계획대로 유명한 일류 중·고등일관학교에 들어간다. 그리고 1년 후 동생 켄지도 형과 같은 학교에 입학한다. 치애는 켄지가 에이이치로와 같은 학교에 들어가는 걸 원하지 않았다. 특별한 교육을 받지 않은 켄지가 영재교육을 받은 에이이치로와 같은 학교에 입학하는 것은 자신의 교육 방침을 부정하는 것이 되고, 에이이치로의 자존심을 상하게 할 수 있기 때문이다. 하지만 막상 아이큐 검사를 해 보니 에이이치로는 113, 켄지는 156으로 켄지가 훨씬 높았다. 치애는 이것도 인정할 수 없었다. 아이큐 검사는 당시 환경이나 컨디션에 따라 달라질 수 있으므로 정확하지 않다고 믿는다.

　에이이치로는 항상 치밀한 계획을 세워서 공부하지만, 고등학교에 들어가서 점점 성적이 떨어진다. 반대로 항상 자유분방하게 놀았던 켄지는 성적이 오른다. 그로 인한 스트레스로 에이이치로는 정신과에 입원한다. 에이이치로는 의사의 반대를 무릅쓰고 병실에서 밤늦게까지 공부한다. 치애는 에이이치로가 병원에 입원한 것이 차라리 잘된 일이라고 생각한다. 켄지의 방해 없이 공부할 수 있으니까. 퇴원한 에이이치로는 더 공부에 전념한다. 에이이치로의 뒷바라지를 하는 치애는 엄마가 아니라 하녀로 전락해 버렸다. 갑자기 밤중에 참고서가 필요하다고 하면 온 동네를 뒤져서라도 반드시 샀다. 치애는 에이이치로가 도쿄대에 들어갈 수만 있다면 무엇이든 감수할 수 있었다.

　치애는 급기야 집 가까이에 아파트를 마련한다. 에이이치로와 치애가 살 집이다. 치애는 켄지와 떨어져 사는 것이 에이이치로를 위해 좋다고 판단한 것이다. 그러나 자신을 무시하는 켄지를 용서할 수 없었던 에이이치로는 켄지를 세상에서 지워 버리겠다고 마음먹고 아파트 공사장에서 밀어 떨어뜨린다. 하지만 계획과 달리 에이이치로와 켄지가 함께 떨어져 둘 다 중상을 입는다. 의사는 에이이치로가 머리를 많이 다쳐서 완치되어도 심한 운동이나 공부는 할 수 없다고 얘기한다.

치애는 혼잣말로 중얼거린다. "에이이치로보다 켄지가 아이큐가 높았어. 켄지의 자식이면 계획대로 될 거야. 난 틀리지 않았어. 학설에 따라 열심히 키웠어. 단지 계획에서 하나만 어긋났을 뿐. 다음에는 반드시 계획대로 해야지. 켄지는 꼭 3년, 아니 5년 터울로 아이를 낳게 할 거야."

평론가 사토 타다오佐藤忠男는 이 책의 제목인 '순수한 전사들'이 교육 마마의 작전과 명령 아래 어떤 의문도 품지 않고 수험전쟁의 전장에 나가는 아이들을 가리킨다고 설명했다. 아이들은 사령관인 엄마를 믿고 쓰러질 때까지 싸우는 수험전쟁의 병사들이다. 엄마는 이 전쟁에서 이기기만 하면 행복한 인생을 누릴 수 있다고 자식들을 응원하지만, 이 전쟁은 인간성 상실이라는 큰 대가를 치를 수도 있는 위험한 모험이다.

무너지는 교실
학교폭력, 이지메, 부등교

1980년대부터 일본에서는 중학생들의 학교폭력, 이지메로 인한 자살, 초등학생들의 통제 불능 수업 태도, 등교 거부 학생 증가 등 학교와 관련한 아이들의 일탈이 본격적인 사회문제로 떠오른다.

선생님을 때리는 아이들

특히 전국의 중학교에서 '학교폭력', 곧 학생의 교사 폭행, 학생 간 폭력, 물품 파손 문제가 심각한 문제로 대두된다.(표 〈학교 내 폭력 행위 발생 건수 추이〉 참조)

학교폭력 문제는 1980년대에 갑자기 등장한 것은 아니다. 이미 1970년대에도 학교폭력은 심각한 사회문제였다. 특히 학생들의 교사에 대한 폭력이 문제가 되었다. 일본 법무성의 《범죄백서犯罪白書》〈교사에 대한 폭력 사건〉을 보면 1973년 71건, 1976년 161건, 1979년 232건, 1980년 394건으로 1973년 이후 교사 폭력이 증가하기 시

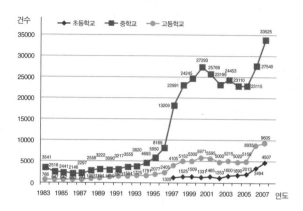

학교 내 폭력 행위 발생 건수 추이

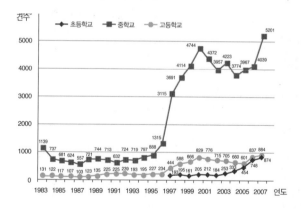

교사 폭력 발생 건수 추이

출처 : 문부과학성, 〈아동학생의 문제행동 등 학생지도상의 문제児童生徒の問題
行動等生徒指導上の諸問題に関する調査〉

4장 _ 아이들의 반란

작했음을 알 수 있다. (1983년 이후는 표 〈교사 폭력 발생 건수〉 참조)

학생이 교사를 때리고 발로 차고 무릎을 꿇게 하는 광경은 '교사의 그림자도 밟지 않는다'는 과거의 상식으로는 상상도 할 수 없는 일이었다.

교사에 대한 폭력은 도시 학교를 중심으로 발생했다. 1978년에는 중학교에서 유도 3단인 젊은 교사가 무방비 상태에서 학생들에게 폭행당한 사건이 일어나 사람들에게 큰 충격을 안겼다. 그 후 학생의 교사 폭력은 지방으로 퍼져 전국 어디서나 일어날 수 있는 문제로 인식되기 시작했고, 시간이 갈수록 점점 더 악화되었다.

1980년 10월~12월까지 3개월간 신문 지면을 점령한 학교폭력 관련 기사 제목

10월 7일	교내에서 폭행당한 4명 집에 돌아가지 않음. 히라츠카중학교
10월 9일	체포자 발생. 이타바시중학교에서 '수업 방해조' 대상으로 '특별 학급' 편성. 학생들 반대로 갈등. 선생을 때려 경찰을 부름
10월 11일	선생을 야구방망이로 때림. 주의받은 중학생 10명
10월 31일	중학생이 교사 11명을 때림. 경찰 51명 출동. 학교 측과 사전에 합의
11월 13일	중학생 3명 체포. 선생 6명을 뭇매질
11월 21일	교내 폭력 3명 체포. 요코스카중학교
11월 24일	세 번째 교내 폭력. 선생 때린 3명 조사. 카와사키중학교
12월 3일	중 3이 교사에게 난폭. 8명이 '동조'
12월 18일	수업 중에 선생 폭행. 요코하마 중3 학생 2명 체포

교사에게 소화기를 집어던지거나, 청소 밀대로 때리고, 발로 차는 정도는 보통 어느 학교에서나 일어나는 일이었고, 그 외에 교사 급식에 설사약을 넣고, 여교사 머리에 라이터로 불을 지르고, 성추행을 하는 등의 행동이 특히 중학교에서 많이 발생했다. 연이어 터지는 폭력 사건에 교사도 부모도 당황했다. 학생들의 폭력은 점점 과격해지고, 급기야 교사 폭력 문제로 중학생이 체포되는 사건이 발생했다.

1981년 도쿄의 한 중학교 교내에서 학칙 위반인 긴 머리를 교사에게 잘린 3학년 남학생이 칼로 담임교사를 찔러 체포되었다. 살인미수로 중학생이 체포된 것은 처음이었다. 1983년에는 도쿄의 중학교에서 학생에게 폭행당한 교사가 학생을 칼로 찔러 상처를 입힌 사건도 발생했다. 학교 내에서 그것도 중학교에서 학생과 교사가 칼부림을 한다는 것은 상상도 할 수 없는 일들이었다. 1982년에는 미야기현의 중학교에서 3학년 16명이 교무실에 들어가 교사 10명을 폭행하는 사건이 일어났다. 이제 이런 폭력 사건은 어느 학교에서나 일어날 수 있는 일이 되었다.

교사 폭력 사건은 초등학교에서도 일어났다. 1982년 기타큐슈 시의 초등학교에서 6학년 남학생이 교사와 수업 진도 문제를 놓고 갈등하다가 교사에게 폭력을 휘둘렀고, 오사카의 초등학교에서는 6학년 남학생이 수업 중 장난을 치다 혼나자 그 보복으로 교사를 쇠몽

둥이로 때려 다치게 했다.

교칙 강화의 부작용

날로 심각해지는 교내 폭력을 막고자 1980년대 전반, 각급 학교는 교칙을 엄하게 만들어 적용하고 경우에 따라 체벌도 가하기 시작했다. '적극적인 학생 지도', '초기 발견, 초기 지도'가 필요하다는 의견이 강하게 제기된 것이다. 사건이 발생한 뒤에 학생을 지도할 것이 아니라 문제가 일어나지 않게 미리 지도해야 하는데, 그러려면 위험한 싹을 빨리 발견하여 조기에 뽑아 버려야 한다는 것이 당시 일본 교육계의 학교폭력 해결책이었다.

문부성이 1982년에 발표한 〈학생의 건전 육성을 위한 문제-교내 폭력 문제를 중심으로〉를 보면, 교내 폭력 해결 방안의 하나로 '조기 발견에 힘쓰고 외부와의 협력을 강화'하라고 되어 있다. 그 구체적인 내용은 다음과 같다.

학생의 문제 행동은 복장 불량, 낙서, 청소를 땡땡이 치는 등 소소한 학교 질서를 지키지 않는 것에서 시작된다. 교사가 이러한 행동들을 못 본 척한다면 문제가 더욱 확대되어 교내 폭력으로까지 확산될 수 있다. 얼핏 보기에 아주 작은 것이라도 학생들의 문제 행동을 조기에 발견하여 조기에 지도하는 것이 중요하다.

1985년 문부성이 발표한 〈중학교에서의 기본 생활 습관 지도〉에도 다음과 같이 적혀 있다.

> 복장이 흐트러짐은 마음이 흐트러짐을 나타낸다고 한다. 실제로 문제를 일으킨 학생을 보면 중학생의 본분에 맞지 않는 옷차림을 한 경우가 많다. 복장의 흐트러짐과 눈에 띄는 머리 모양 등이 문제 행동의 징후인 경우가 많다는 지적도 있다.

실제로 많은 학교가 교내 폭력을 억제하고 재발을 방지하기 위해 복장과 두발에 대한 세세한 교칙을 만들어 엄격하게 지도했다. 이른바 '관리교육管理教育'이다. 이 방법이 학교 질서를 유지하는 데 큰 성과를 거둔 것은 사실이다. 하지만 교칙 강화와 체벌은 일시적인 미봉책일 뿐 근본적인 해결 방법은 될 수 없었다. 오히려 교칙과 체벌에 대한 반발이 교사를 향한 폭력의 원인이 되는 역효과를 초래했다. 또한 위압적인 교사에 대한 불만을 몸집이 작은 교사나 여교사에게 터뜨리거나, 엄격한 교칙 지도로 인해 학생들과의 대화가 적어지는 부작용을 낳았다.

학교와 교사는 교내 폭력의 대응책으로 교칙을 강화하여 학생들을 지도하려 했으나, 교칙을 강화할수록 엄한 교칙에 대한 비난도 커져 갔다. 체벌과 관리교육을 고발하는 르포나 학부모와 학생의 수기가 연달아 나오고, 교사에 대한 폭력 문제도 관리교육과 연결시켜 비난하는 논조가 강해졌다.

'빡빡머리' 교칙 재판

1980년대에는 교칙을 둘러싼 재판이 빈번히 일어났다. 첫 재판은 1981년 구마모토 현의 한 중학생과 그 어머니가 두발을 제한하는 일명 '빡빡머리 교칙'에 소송을 건 것이다. 이후 교복 착용, 두발 제한, 오토바이 소지 등의 교칙을 놓고 재판이 벌어졌는데 대부분 교칙을 비판한 측이 패소했다.

그러나 법적으로는 패배했어도 이후 교칙을 민주적인 방향으로 바꾸어야 한다는 목소리가 각계각층에서 터져 나왔다. 이러한 교칙 개정 운동의 영향으로 1988년 마침내 문부성이 교칙 개정을 지시함으로써 1993년 '빡빡머리'는 교칙에서 사라졌다.

교칙 문제를 둘러싼 재판을 놓고 교육학자 히로타 테루유키広田照幸는 개인의 자유와 가족의 자율성을 중요시하게 되면서 사적 영역에 대한 학교의 과도한 개입을 거부하기 시작한 것이라고 분석했다. 교칙 거부의 근거는 '인권'이었다. '인권'과 '자유'의 논리는 학교를 특별한 공간으로 성역화시키는 것을 인정하지 않았다. 애초에 학교 측은 소수의 부모와 학생이 교칙 반대를 떠드는 것에 불과하다고 여기고 이를 무시했지만, 학부모와 학생의 인권 의식이 성장하는 시대 흐름을 무시할 수 없게 되었다.

이러한 사회 인식의 변화와 맞물려 1980년대 전후로 새로운 감성과 가치관을 가진 부모가 등장한다. 이들은 가정교육에 특히 신경을 쓰고, 학교가 일방적으로 정해 놓은 학교 문화는 도움이 안 되며 억압적이라고 생각했다. 특히 도시화된 지역일수록, 부모의 학력이 높을수록 예절 교육이나 인성 교육을 학교에 맡기지 않고 '가정에서 할 일'이라 생각하며 자녀의 자주성과 개성을 존중하는 경향을 보였다.

1981년 교육학자 시미즈清水義弘가 실시한 조사를 보면, 특히 고학력층 부모는 예절 교육과 교외 지도를 학교에 기대하지 않는 경향이 강했다. 1996년 도쿄의 공립중학교 보호자를 대상으로 한 조사에서 '교복, 학교 소지 물품 규정을 폐지한다'는 의견에 찬성한 어머니가 전체의 16.1퍼센트였는데, 4년제 대학을 졸업한 어머니만 보면 39.4퍼센트가 이에 찬성했다. 도시지역의 인텔리층일수록 학교와 교사의 과잉 통제를 싫어하고, 인성 교육은 가정에서 부모가 직접 하려는 경향이 강했음을 알 수 있다.

1960년대까지는 학교가 봉건적이고 뒤처진 지역사회의 낡은 관행을 타파하고 민주적이고 진보적인 사회와 가정을 만들기 위해 계

교칙 문제 재판 일람

사건명	판결	문제가 된 교칙	청구	결론	게재지
熊本玉東中 사건	熊本地判昭 60·11·13	중학교 빡빡머리 교칙	교칙 무효 확인 손해배상 청구	각하却下 청구 기각	判時1174-48
京都神川中 사건	京都地判昭 61·7·10	중학교 표준복標準服 교칙*	교칙 무효 확인 표준옷 착용 의무 부존재 확인	각하	判地自31-50
千葉大原中 사건	千葉地判平 1·3·13 東京高判平 1·7·19	중학교 교복 교칙	손해배상 청구	청구 기각	判時1331—63 判時1331-61
兵庫小野中 사건	神戸地判平 6·4·27	중학교 빡빡머리 교칙	교칙 무효 확인	각하	判地自123-56
千葉 오토바이사건	千葉地判昭 62·10·30 東京高判平 1·3·1 最(三小)判平 3·9·3	고등학교 오토바이 3무三無 교칙**	손해배상 청구	청구 기각	判時1266-81 미등록 判時1401-56
高知 오토바이 정학사건	高知地判昭 63·6·6 高知高判平 2·2·19	고등학교 오토바이 3무 교칙	손해배상 청구	청구 기각	判時1295-50 判時1362-44
修德高 오토바이 퇴학사건	東京地判平 3·5·27 東京高判平 4·3·19	고등학교 오토바이 3무 교칙	손해배상 청구	청구 일부용인 (108만 엔)	判時1387-25 判時1417-30
修德高 파마퇴학사건	東京地判平 3·6·21 東京高判平 4·10·30	고등학교 파마 금지 교칙 운전면허 금지 교칙	졸업 인정 청구 손해배상 청구	청구 기각	判時1388-3 判時1443-30
北陽高 흡연퇴학사건	大阪地判平 3·6·28	고등학교 흡연 처벌 교칙 등	퇴학 처분 무효 확인	청구 기각	判時1406-60

* 표준복 교칙 : 학교가 정한 범위 내의 옷을 착용하도록 규정한 교칙

** 3무三無 교칙 : 고등학생은 오토바이와 자동차를 '운전하지 못하게 한다', '구입하지 못하게 한다', '면허를 따지 못하게 한다'는 교칙

출처 : 이치가와 스미코市川須美子,《교칙 재판의 현상과 과제校則裁判の現状と課題》, 1955년

몽하는 역할을 했다면, 이제는 그 역할이 다시 부모에게로 돌아온 것이다.

과거 학교가 근대적인 계몽자로서 지역과 학부모의 신뢰를 얻었던 시절에는 학교가 개인의 자유와 개성을 무시해도 아무도 의문을 제기하지 않았다. 하지만 경제 수준과 문화 수준이 높아짐에 따라 아이들에게 쏟는 시간적·경제적 여유가 증가하면서 학교 내부에서 일어나는 일에 관심을 갖는 부모가 늘어나고, 그런 부모들이 학교에 여러 가지 요구를 하게 되었다.

입시와 비행을 막고자 아이들을 엄하게 통제하라고 요구하는 부모가 있는가 하면, 한편으로는 자유와 인권 존중을 요구하는 부모도 있었다. 학교는 예전보다 훨씬 강력해진 부모들의 요구에 좌지우지되기 시작했다.

학생들 사이의 폭력, 이지메

1980년대에 학교폭력이 심각한 문제였다면, 1990년대에는 아이들 사이의 '이지메いじめ'가 커다란 사회문제로 떠올랐다. 1990년 이후 교내 폭력은 교사를 향한 폭력 이외에 학생들 간 폭력이나 기물 파손이 증가한다. 1990년대에 들어 사회문제가 되는 '이지메'의 대부분이 이러한 학생들 간의 교내 폭력이었다. 이지메 문제는, 1986년 2월 도쿄 나

카노에서 일어난 남자 중학생 자살 사건을 계기로 사회적인 쟁점으로 떠올랐다.

A군은 2학년이 되면서 같은 반 어떤 그룹의 '심부름꾼'(등하굣길 가방을 들어 주고 먹을 것을 사오라 하면 당장 뛰어가서 사오는 역할)이 되었다. A군이 할머니에게 그 이야기를 하자 할머니는 단호하게 심부름꾼 노릇을 거부하라고 했고, 그 뒤 A군은 이지메를 당하게 되었다. 이지메는 점점 심해져 일상적인 폭력으로 이어졌다. 어느 날, 이지메 그룹은 학교에서 A군의 '장례식 놀이'를 했다. 그 장례식 놀이에 담임교사 외 4명의 교사가 가담하여 이름을 적었다. 교사들은 아이들의 단순한 장난으로 알고 이름을 썼다고 했다. 그 일을 계기로 A군은 학교를 결석하고 자신을 이지메한 사람의 이름을 적은 유서를 남기고 자살했다.

일본 경찰은 이지메에 가담한 16명을 상해 및 폭행 혐의로 검찰에 송치했다. 그해 6월 A군의 유족은 유서에 지명된 학생 2명, 학생의 부모, 도쿄 도와 나카노 구를 상대로 도쿄지방재판소에 손해배상 소송을 청구했고, 도쿄지방재판소는 유서에 지명된 학생 2명에게 보호관찰처분을 내렸다. 그리고 8년 후인 1994년 3월, 도쿄지방재판소는 "장례식 놀이는 이지메라고 할 수 없지만 자살 직전에 있었던 폭행이 자살 원인이 되었다"고 하여 이지메 자체는 부정하고 피고인들에게 400만 엔 배상 명령을 내렸다. 이지메를 인정하지 않은 재판소의 판결을 받아들일 수 없었던 유족은 다시 항소하였다. 1994년 5월 도쿄고등재판소는 "장례식 놀이는 보통 사람이라면 고통을 느낄 만한 일이며, 그것을 막지 못한 학교에도 책임이 있다. 하지만 이지메와 자살의 인과관계는 확실하지 않다"며 피고에게 1,150만 엔의 배상 명령을 내렸다.

이 사건은 교사 4명이 '장례식 놀이'에 가담했다는 사실 때문에 그 이전의 어떤 사건보다도 주목을 받았고, 이를 계기로 이지메가 최대 교육 문제로 떠올랐다. 그리고 8년 후, 아이치 현 니시오 시에서 중학교 2학년 남자 중학생이 이지메로 자살하는 사건이 또 일어났다.

1994년 11월, 아이치 현 니시오 시립 토부중학교 2학년 B군이 자택 뒤에 있는 감나무에 목을 매달아 숨져 있는 것을 어머니가 발견했다. 장례식이 끝난 뒤 B군의 책상 안에서 "이지메를 당하고 돈을 빼앗겼다"는 내용의 유서가 발견됐다. 시 교육위원회의 조사 결과, 동급생 11명이 이지메에 관여한 것이 확인되어 주범 4명이 공갈 혐의로 검찰에 송치되었다. 4명은 소학교 6학년 때부터 B군을 폭행하고 돈을 요구했다고 인정했다. B군을 위협해서 빼앗은 돈은 110만 엔에 달했다. 1995년 4월 가해자 중 3명은 초등소년원으로, 1명은 아동교육보호원으로 송달되었다.

이지메는 이지메를 한 아이와 이지메를 당한 아이의 문제만이 아니라, 이지메가 발생한 학급 전체의 분위기에 문제가 있는 경우가 많았다. 1995년 11월 이지메 문제로 자살한 니가타 현의 중학교 1학년 남학생의 아버지는 아들이 속했던 학급에 대해 다음과 같이 말했다.

수업에 여선생님이 들어오면 일어나서 선생님 책상을 발로 차거나 노래를 부르는 아이들이 있었습니다. 이런 상황에서 수업이 이루어질 수가 없지요. 혼자 해결하기 어려운 여선생님은 학년주임이나 다른 남자 선생님을 교실로 부르지만 그 정도론 수습이 되지 않았다고 합니다. 책상을 차거나 노래 부르는 학생은 항상 정해져 있었다고 합니다. 유서에 이름이 적혀

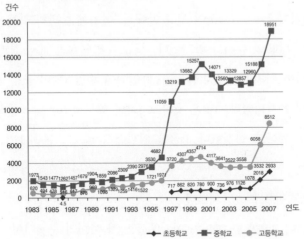

학생들 간의 폭력 건수 추이

출처 : 문부과학성, 《아동학생의 문제행동 등 학생지도상의 문제》

있던 아이들에게 물어보니 1학기가 끝나고 난 뒤부터 그런 행동을 했는데
도 한 번도 선생님께 불려가 주의를 받은 적이 없다고 합니다.

1997년 7월 문부성이 발표한 〈이지메에 관한 조사 결과〉를 보면,
교내 폭력을 일으키거나 수업 시간에 수업을 방해할 정도로 문제를
일으키는 학생이 있는 분위기에서 이지메가 많이 발생한다는 것을
알 수 있다. 수업 시간에 문제 행동을 일으켜 교사가 수업을 진행할
수 없는 분위기의 교실, 거친 학급 분위기를 소개하는 신문 보도를
보자.

> 한 중학교에서는 3학년 학생 10명 정도로 이루어진 그룹이 수업
> 을 방해한다. 학교 비품은 도난당했거나 부서져 있다. 학교에서 이
> 곳저곳에 열쇠를 채우지만 금방 부서져 버린다. 행사 때는 학교에
> 온 학부모들 앞에서 태연히 담배를 피우는 아이들과 교사들이 실랑
> 이를 벌이는 모습도 눈에 띈다. 또 다른 중학교에서는 '교사가 복도
> 에 있는 아이들을 교실로 넣어 겨우 수업을 진행하는 상황'이 계속
> 되고 있다. 교실에서 캔 맥주를 마시거나 여선생에게 폭력을 휘두
> 르는 사건도 계속 일어나 학부모들에게 솔직히 말하고 부탁하여 학
> 교 전체가 대책을 모색 중이다. -《아카하타赤旗》 1996년 3월 15일

초등학교의 학급붕괴

　　근래 도쿄에서는 새로운 '걷잡을 수 없는' 문제 행동이 퍼져 가기 시작했다. '학급에서 매일 아이들의 싸움이 벌어진다. 주의를 주면 선생에게 달려들어 이빨이 부러진 여선생도 있다.'(중학교) '입학식 다음날부터 수업이 이루어지지 않는다. 교사가 교실에 있어도 대부분의 학생이 창문에 머리를 내밀고 밖을 보고 있으며 앉아서 수업을 하는 학생은 두세 명에 불과하다.'(중학교) '친구 가방을 칼로 갈기갈기 찢어 소각로에 버린 아이도 있다.'(초등학교) '어떤 교실에서는 수업 중에 아무도 발언을 하지 않고, 노래도 부르지 않는다. 급식 때 교사가 떠 주는 음식은 대부분의 아이들이 먹지 않는다.'(초등학교) ―《아카하다》 1995년 10월 9일

　　거친 교실 분위기는 중학교뿐 아니라 초등학교에서도 문제였다. 급기야 1990년대 중반 이후 '학급붕괴學級崩壞'란 용어가 등장했다. 1999년 9월에 발표한 문부과학성의 〈학급 경영 충실에 관한 조사 연구〉에 따르면, '학급붕괴'의 정의는 '학생이 교실 안에서 멋대로 행동하여 교사의 지도를 따르지 않고 수업이 성립되지 않는 학급 상태가 일정 기간 이상 지속되어, 학급 담임이 통상적인 방법으로 문제

를 해결할 수 없는 상태에 달한 경우'를 말한다.

수업 중에 제멋대로 자리에서 일어나 교실을 들락날락하고 잡담을 하고 주위 친구들을 귀찮게 해 수업을 진행할 수 없거나, 더 나아가서는 학급 기능이 아예 정지되는 상황까지 이르는 상태를 뜻한다. '학급붕괴'라는 용어는 주로 초등학교에서 사용되며, '아동들에 의한 집단적인 교사 이지메'란 측면도 포함한다.

'학급붕괴'란 용어는 1997년부터 언론에 등장하기 시작하여 1998년 NHK 방송에서 특별 프로그램을 제작하여 보도하고, 1999년《아사히신문》사회부에서 도서《학급붕괴學級崩壞》를 출간한 것을 계기로 교육계뿐 아니라 일반 사람들 사이에서도 널리 회자되었다.《아사히신문》에서 취재한 내용을 간략하게 소개하면 다음과 같다.

감정을 조절하지 못하는 아이들 수업 시작을 알리는 종이 울려도 시끌시끌한 어느 5학년 교실. 38명 아이 가운데 갑자기 감정을 폭발시켜 감당할 수 없는 아이가 6명 있다. 모두 다 남자아이다. 6명은 수업 시간 동안 뒤에 앉아 잡담을 하거나 교실에서 나가 버린다. 이 학급의 선생님은 30대 남자다. 수업 시간에 잡담하는 것은 그래도 참을 수 있지만, 수업 시간에 뛰쳐나간 아이를 모른 체 할 수 없어서 찾으러 나가면 수업이 이루어지지 않는다. 그래서 교장 선생님이나 교감 선생님이 대신 아이를 찾으러 간다.

외톨이가 된 선생님 6학년 졸업반을 맡았던 40대 여자 교사는 다음과 같은 이야기를 했다. 반에 감정을 조절하지 못하는 아이가 4명 있었다. "이제 6학년인데 그러면 안 되지."라고 주의를 주면 갑자기 인상을 쓰면서 발로 찼다. 다른 아이들은 선생님의 말을 듣지 않고 대드는 아이들을 부러워했다. 2학기에 전학생이 왔다. 수업 중에는 조용히 하고 정해진 규칙은 지켜야 한다고 말하자, 아이는 "예전 학교에서는 그런 건 없었다" "그런 규정이 정해진 이유를 모르겠다"고 하는 등 반발했다. 전학생과 문제 아이들이 어울리며 잡담은 더욱 심해졌고, 그런 분위기가 반 전체에 번져 수업 시간에 질문을 해도 아무도 손을 들지 않고 지명을 해도 아무도 대답하지 않았다. 선생님에게 반항하는 것으로 반 아이들의 결속은 강해졌다. 선생님은 출근할 때 교문 안으로 들어서는 것이 두려워 학교 주위를 몇 번이나 돌기도 했다. 겨우 교실에 들어가도 심장이 두근거리고 표정이 굳어져 버렸다. 선생님은 그 반이 빨리 졸업하기를 손꼽아 기다렸는데, 그런 기분은 교사가 되고 난 후 처음이었다.

교사 이지메 6학년 담임을 맡고 있는 40대 후반의 남자 선생님의 반에서는 처음에는 한 남자아이가 반항하더니 점차 주변 아이들도 그렇게 되어 갔다. 수업 중에 멀리 떨어져 있는 아이와 큰 소리로 얘기를 하거나 일어서서 뛰어다니는 아이도 있었다. 공이나 급식

반찬을 선생님에게 던지기도 했다. 학급 일지에 '선생 죽어'라고 적
는 아이도 있었다. 이 선생님은 말했다. "제일 힘든 것은 수업을 할
수 없는 것이 아니라 교실에서 고립되어 있다는 것이었습니다. 다
른 아이들까지 반항하기 시작했을 땐 자존심이 갈기갈기 찢겨진 느
낌이었습니다. 학교를 그만두려고 몇 번이나 생각했습니다만, '아
침이 오지 않는 밤은 없다'는 교장 선생님의 말씀을 되새기며 견뎠
습니다." 이 선생님은 얼마 안 있어 병으로 휴직을 했다.

부등교, 학교에 가지 않는 아이들

1990년대에 주목받기 시작한 또 다른 교육 문제는 '부등교不登校'이
다. 1970년대 후반~1980년대 초 문부성 조사에서 '학교를 싫어하
는 아이'가 증가하면서 교육 관계자들이 '부등교'에 주목하기 시작했
고, 이 문제가 1990년부터 사회 전반으로 퍼진 것이다. 1990년대 들
어 부등교 학생이 10만 명(초·중학교 합산)을 넘어서면서 매년 여름
실행되는 문부성 조사를 바탕으로 언론이 뉴스로 다루기 시작했다.

일본의 부등교 관련 서적을 보면 '등교 거부'라는 용어가 사용되기
도 한다. 1980년대까지는 '부등교'보다 '등교 거부'라는 용어가 일반
적으로 사용되었으나, 1989년에 발족한 문부성의 '학교 부적응 대책
조사연구 협력자회의'에서 "등교 거부는 모든 아이들에게 나타날 가

능성이 있다"고 한 이후 '부등교'란 용어가 정착되었다. 법무성 인권 보호국에서 '등교 거부'의 '거부'란 용어는 아이들이 처한 현실에 맞지 않는다며, '어떠한 심리적 · 환경적 요인으로 인해 등교하지 않는, 또는 등교하고 싶어도 할 수 없는 상태'를 부등교라고 정의하고, '등교하고 싶어도 할 수 없다'고 호소하는 부등교 아이가 있다면 인권 문제 측면에서도 조사하겠다고 밝혔다.

부등교는 학교에서 일어나는 문제지만 학교와 가정을 포함한 더

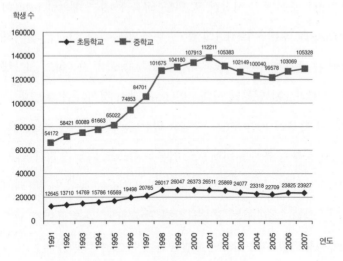

부등교 학생 수(30일 이상 결석자) 추이

출처 : 문부과학성,《아동학생의 문제행동 등 학생지도상의 문제》

넓은 사회 깊은 곳에 숨겨져 있는 여러 문제가 표면화된 것이라는 의견도 있다. "모든 아이에게 '부등교'가 나타날 가능성이 있다"는 문부성의 발언은, 모든 학부모들을 불안하게 만들었다. 가정에서도 학교에서도 문제가 없다고 생각했던 아이가 어느 날 갑자기 학교를 가지 않겠다고 할 수 있다는 이야기에, 부모들은 내 자식도 그렇게 되지 않을까 하는 불안감에 사로잡혔다.

문부성에서 초등·중학교의 장기 결석자를 조사하기 시작한 것은 1966년부터다. 당시에는 연간 50일 이상 결석하면 등교 거부에 포함시켰지만, 1991년부터는 연간 30일 이상 결석자부터 조사하기 시작했다. 초기 발견, 초기 대응으로 학생들을 빨리 학교에 복귀시킬 방법을 찾기 위해서다. 그럼에도 부등교 학생 수는 꾸준히 증가했다.(표 〈부등교 학생 수 추이〉 참조) 아이들은 왜 등교를 거부하는 것일까? 부등교 아이들을 위한 대안학교 '도쿄 슈레shure'를 설립한 오쿠치 게이코奧地圭子■는 다음과 같이 말한다.

■ 공립학교 교사였던 오쿠치 게이코는 1978년 자기 아이의 등교 거부를 계기로 1984년 '등교 거부를 생각하는 모임'을 만들고, 1985년에는 교직을 아예 그만두고 '도쿄 슈레'를 설립했다. 1990년 '등교 거부를 생각하는 전국 네트워크'를 결성하고, 2006년 '학교법인 도쿄슈레학원' 설립 허가를 받았으며, 2007년 '도쿄 슈레 가츠시카중학교'를 개교하여 교장을 맡고 있다.

4장 _ 아이들의 반란

일본에서 등교 거부가 문제가 되기 시작한 것은 50년대부터였습니다. 그때는 그런 아이들이 극히 소수였고, 부모가 병원이나 아동 상담소에 아이를 데리고 오면 대응책으로 부모 자식 간의 관계를 관찰하였습니다. 그때는 아이가 학교를 쉬는 것에 민감한 반응을 보이는 사람들이 많지 않았습니다. 하지만 60년대 고도성장기의 시작과 함께 고학력 사회가 되면서 병에 걸린 것도 아닌데 등교를 하지 않거나, 학교를 못 가는 아이들을 병원에서 진찰을 받게 하거나, 입원을 시키는 경우가 생겨났습니다. 아동상담소에 보낼 뿐만 아니라 부모와 떨어져 자립시킨다는 목적으로 건강학원健康學園 · 산촌 유학을 보내는 경우도 있었습니다.

60년대 후반부터 심해지기 시작한 입시 경쟁, 일제수업一齊授業, 관리교육, 점점 커지는 부모의 기대 등 아이들은 점점 더 강한 스트레스 교육 환경 속에서 나날을 보내게 되었습니다. 남을 이겨야 한다는 생각으로 열심히 할 수밖에 없는 상황에서, 70년대 이지메가 확대되면서 등교 거부도 매년 늘어나기 시작했습니다.

자신을 억누르고 학교의 틀에 자신을 끼워 맞춰야 하는 괴로움, 성적 경쟁, 선배와 교사의 체벌, 위압적인 학교 분위기 등 여러 가지를 경험한 아이들은 학교와 점점 거리를 두게 되었습니다. 학교제도 속에서 자녀를 키우는 것이 당연한 사회에서, 자녀가 오랫동안 학교를 쉬거나 가지 않는다는 것은 어른들을 불안하게 만듭니다.

부등교는 허용할 수 없는 일인 것입니다.

등교 거부에 대한 인식의 전환

오쿠치는 부등교의 역사를 '괴로움의 역사'라고 말한다. 70, 80년대에는 부등교 아이들 목에 줄을 매어서라도 학교에 보내려 했다. 부모는 아이를 학교에 보내려고 야단을 치고 집에서 쫓아내기도 하며, 자전거나 자동차에 태워 억지로 학교까지 보냈다. 교사들도 아이들을 일단 학교에 데리고 오려고 온갖 노력을 했다. 교사가 직접 아이를 데리러 가거나 친구를 보내거나 또는 부모를 붙잡고 설교를 늘어놓았다. 이런 부모와 교사의 노력은 아이에게 지옥일 수도 있었다.

자기 방이 있는 아이는 방에 열쇠를 걸어 잠그고 방에서 나오지 않고, 자기 방이 없는 아이는 옷장에 숨었다. 학교 간다고 집을 나와 거리를 떠돌다 경찰에 인도되는 아이도 있었다. 이런 생활이 지속되면 부모 자식 간에 전쟁이 일어난다. 아이는 집 안에서 폭력을 휘두르고(가정 내 폭력), 신경증 증세도 보이며 낮과 밤 생활이 뒤바뀌어 버린다. 부모들은 마지막 수단으로 아이를 병원이나 시설에 넣어야 할지 심각하게 고민한다.

이처럼 부등교를 아이의 성격이 나태하거나 게을러서 일어난다고 보는 견해는 1980년대 들어 비판을 받는다. 학교의 존재 이유, 학교제도 그 자체가 부등교를 만드는 원인이라는 것이다. 등교 거부를 '신경증'이나 '학교 부적응'으로 판단하고 아이 본인에게 문제가 있다고 보는 견해도 마찬가지다. 오히려 등교 거부가 '학교에 가지 않아도 살아갈 수 있는 적극적인 삶의 방식'일 수 있다는 사고가 형성되기 시작했다.

이러한 사회 풍조 속에 문부성도 부등교에 대한 인식을 변경했다. 종래는 '불안 경향' '우유부단' '적응성 결여'를 등교 거부를 일으키기 쉬운 성격 경향'이라고 규정하고 부등교를 아이 개인의 문제로 인식했지만(《학생지도자료 18집》 22장), 1992년 문부성 '학교 부적응 대책 조사 연구 협력자회의'의 보고서는 "등교 거부는 특정한 아이들이 일으키는 문제라는 지금까지의 고정관념과 달리, 아동 학생들의 잠재된 공통 의식인 '학교에 가기 싫다'는 의식이 일시적으로 표출되어 나타나는 경우도 있다"며 입장을 바꾸었다.

이후 등교 거부는 '어떤 아이에게서도 일어날 수 있는 현상'으로 인식되어 등교 거부를 예방하려면 학교가 모든 아이들에게 '마음의 안식처' 역할을 해야 한다고 강조하게 되었다.

또한 이전에는 등교 거부 아이를 어떻게든 학교에 다시 보내려고 노력했지만, 문부성 보고서에도 나오듯이 "저연령 아동이나 정서 불안인 경우 등교 거부 초기에 등교하도록 강하게 촉진하거나 격려함으로써 문제가 해결되기도 하지만, '히키코모리ひきこもり'(은둔형 외

톨이)와 같이 정신적으로 불안정한 상태에서는 등교를 촉구하면 상
태가 더 악화될 수 있으며, 반대로 아무런 노력도 하지 않아 상황이
더욱 나빠질 수도 있으므로 등교 거부 유형이나 상황을 충분히 주의
할 필요가 있다"는 점을 받아들였다.

　이처럼 부등교 문제를 해결하려고 여러 가지 대응책을 내놓고 실
행했지만, 부등교 학생은 오히려 더 늘어나기만 했다. 문부과학성의
조사에 따르면, 1992년도에 초등학생 1만 3,710명, 중학생 5만 8,421

학년별 부등교 학생 수(30일 이상 결석자) 추이

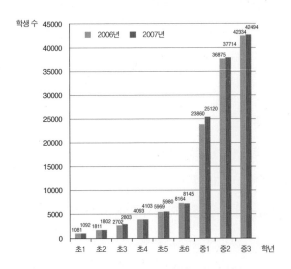

출처 : 문부과학성, 《아동학생의 문제행동 등 학생지도상의 문제》

　　　　　　　　　　　　　　　　4장 _ 아이들의 반란

명이던 부등교 학생이, 2002년도에는 초등학생 2만 5,869명, 중학생 10만 5,383명으로 거의 2배 가까이 늘었다. 그러던 것이 2003년 이후부터 조금 감소하기 시작하여 2007년도에는 2만3,927명, 중학생 10만 5,328명으로 소폭 줄었다.

부등교 학생을 학년별로 조사한 결과를 보면, 초등학교·중학교 모두 학년이 올라갈수록 부등교 학생이 증가하는 것을 알 수 있다.**(표 〈학년별 부등교 학생 수(30일 이상 결석자)〉 참조)** 특히, 초등학교에서 중학교로 올라간 시기에 부등교 학생이 급증했다. 2007년 중학교 1학년의 경우를 보면 초등학교 6학년 때(2006년도)보다 약 3.1배 증가했음을 알 수 있다. 초등학교에서 중학교로 올라가는 것이 아이들에게 큰 스트레스가 되고, 이 시기를 잘 연결시키는 것이 중요하다는 것을 알 수 있다.

학교를 믿지 못하는 부모들

일본에서 치열한 입시 경쟁이 시작된 1970년대, 행복한 인생을 위해서는 일류 대학에 들어가야 하고 일류 대학에 들어가려면 일류 고등학교에 들어가야 한다는 의식이 정착되면서 교육 마마라고 비난을 받든 말든 간에 어머니들은 내 자식을 조금이라도 대학 입시에 유리한 고등학교에 보내려고 안간힘을 썼다.

고등학교 입시를 생각하면 당연히 중학교 때 공부가 중요하다. 하지만 1980년대 들어 학교폭력 문제가 대두되면서 부모들은 불안에 떨었다. 공립중학교는 폭력 문제로 수업을 제대로 할 수 없고, 중학교뿐만 아니라 초등학교에서도 '학급붕괴' 현상이 나타났으며, 부등교 아이들이 늘어났다. 이렇다 할 해결 방법을 찾지 못한 교육 문제들, 그리고 이런 문제가 모든 아이들에게 일어날 수 있다는 교육 전문가들의 전망에 부모들은 입시나 학교 공부 말고도 또 다른 걱정을 떠안아야 했다.

이런 경향이 지속되면서 1990년대에는 극심한 스트레스로 인한 정신질환으로 학교를 휴직하거나 퇴직하는 교사들이 늘어났다. 1997년도에 정신질환을 이유로 휴직한 교사는 1,609명으로, 전국 초·중·고 교사 1천 명 중 1.5명 정도가 정신질환으로 휴직한 셈이다. 휴직까지는 하지 않더라도 병결근자의 상당수가 신경증·우울증 증세가 있었으며, 1997년도 퇴직 교사 중 32퍼센트가 정년퇴직 이외의 이유로 학교를 떠났다.

아이들 문제로 인한 정신질환으로 학교를 휴직하거나 퇴직하는 교사들이 증가하고 있다는 보도를 접하면서 공교육에 대한 부모들의 불신은 더욱 커져 갔다. 어떻게 하면 내 아이를 안심하고 학교에 보낼 수 있을까? 부모들은 학교폭력 걱정도 이지메 걱정도 없고, 공부는 물론이고 인성 교육까지 신경 써 주는 학교를 찾기 시작했다.

도쓰카 요트스쿨 사건

1970년대 후반 화제가 된 '도쓰카 요트스쿨'은 등교 거부, 가정 내 폭력 등 문제를 일으키는 아이들을 합숙시키며 스파르타식으로 요트 훈련을 시키는 곳이었다. 이 학원에서는 등교 거부를 하는 아이는 게으르고 마음이 약하기 때문에 살아남아야 한다는 의지를 가질 수 있도록 훈련을 시켜야 한다며, 아이에게 폭력을 가하거나 아이를 바다에 밀어넣기도 했다. 아이들의 인격을 무시한 '도쓰카 요트스쿨'의 스파르타식 훈련에 대해 교육심리학자나 아동 전문가들은 부정적인 반응을 보였지만, 신문·잡지·텔레비전에서는 그 효과를 과도하게 포장하고 극찬했다.

물론 도쓰카 요트스쿨에서 훈련을 받고 난 뒤 다시 학교에 다니기 시작한 학생도 있었지만, 모든 아이들이 그렇게 된 것은 아니었다. 그래도 어떻게든 아이를 학교에 보내야 하는 부모들에게 '도쓰카 요트스쿨'은 구세주와 다름없었다. 그런데 이곳에서 훈련을 받던 중학교 1학년 B군이 숨지는 사건이 발생했다.

B군은 초등학교 6학년 때부터 학교에 가기 싫어하더니 중학교에 가면서부터 그런 경향이 더 강해졌다. B군의 아버지는 큰 충격을 받았다. 아버지는 직장 동료에게 '도쓰카 요트스쿨' 이야기를 듣고 바로 연락해서 안내장을 받았다. 안내장 첫 장에는 다음과 같은 선전 문구

가 적혀 있었다.

도쓰카 소년 요트스쿨은 등교 거부 등의 정서 장애아 회복에 큰 성과를 보여 왔습니다. 특히 등교 거부의 경우 5박 5일의 합숙(개인차로 기간을 연장하는 아이도 있습니다)을 마친 뒤 일반 아이들과 함께하는 일요일 수업에서 거의 100퍼센트의 성적을 올리고 있습니다…….

덧붙여 '지금 등록하면 등록금 50만 엔을 25만 엔으로 할인'해 준다고 되어 있었다. B군의 부모는 당장 입학을 결정했다. B군이 가기 싫다고 했으나, 나고야에 놀러 가자고 속이고 데리고 나와 역에 마중 나와 있던 스쿨버스에 태워 버렸다. B군은 "아버지"를 부르며 울부짖었다.

비만 체형인 B군은 동작이 느려 합숙훈련을 따라가지 못해 합숙 종료 예정인 16일을 19일로 연장했고, 그래도 부족하다며 또 연장했다. 그만큼 선생은 열심히 했겠지만, 선생이 열심히 할수록 B군은 더 힘들고 많이 맞았다. 결국 B군은 도망을 나와 파출소로 달려갔다. 파출소에서 집으로 전화를 했지만, 부모가 "아이가 힘들 거라는 것을 충분히 알고 맡겼다"고 하는 바람에 B군은 다시 합숙소로 끌려갔다. 그리고 24일 오후 나고야 병원에서 B군의 몸 상태가 좋지 않으니 빨리 오라는 전화 걸려 왔다. B군은 이미 숨을 거둔 상태였다. 병원에 달려온 가족이 본 B군의 몸은 상처투성이였다.

유족은 영락없이 맞아서 사망했다고 생각했고 경찰도 그렇게 의심하여 부검을 하였다. B군의 사인은 화농성 복막염이었다. 합숙에 들어가기 전 규정대로 의사에게 진단받았을 때는 아무 문제도 없던 B군이었다. B군은 훈련 중 항상 제일 많이 맞았다고 했다. 동작이 느리다고 얼굴을 발로 채이기도 했다. 함께 합숙했던 중학교 1학년 남학생의 아버지는 "우리 아들도 안면 타박으로 시력이 떨어지고 팔 관절과 등뼈가 이상해져서 병원에 다니고 있다"고 했다. 몸이 망가질 정도로 노력해서 등교 거부 증세가 좀 나았는가 하면 그렇지도 않았다. 그 학생은 집에 돌아온 뒤 하루만 학교에 갔을 뿐이며, 밥을 먹다 갑자기 경련을 일으키는 등 다른 증상까지 나타났다고 했다.

B군 사건으로 교장인 요트스쿨 도쓰카 씨와 관계자 15명이 체포되어 유죄를 받았다. 하지만 이 사건 후에도 '도쓰카 요트스쿨' 같은 시설은 사라지지 않았다. 1987년 등교 거부나 장애를 가진 청소년들이 부모 곁을 떠나 함께 생활하는 '부등학원不動塾'이란 곳에서도, 한 남학생이 학원을 도망쳐 나와 다시 잡혀 들어갔다가 체벌로 학원 학생들에게 구타당해 사망한 사건이 일어났다.

5장
격차사회

2000년 이후

> "
> 서점에 가서 수험용 문제집을 2권 구입해서 1권
> 은 제가 가지고 1권은 아들에게 주고 매일 밤 그
> 문제집으로 둘이 공부했습니다. 집에서 아들을
> 가르치려고 출퇴근 시간과 점심시간에 문제집을
> 가지고 공부했습니다. 아버지의 체면이 걸려 있
> 으니까요. "

계층의 재생산

노력보증사회의 종말

2000년대 들어 일본에서는 교육과 관련하여 '격차格差'라는 단어가 자주 등장하며, '격차'에 대한 연구와 관련 서적도 증가하고 있다. 대표적인 책으로, 부모가 자식에게 직업을 물려주는 '직업 계승'에 대해 사회학자 사토 토시키佐藤俊樹가 쓴《불평등사회 일본—바이바이 총중류不平等社會日本-さよなら総中流》(2000)와, 학력의 계층 간 격차에 대해 교육학자 가리야 타케히코刈谷剛彦가 쓴《계층화 일본과 교육 위기—불평등 재생산에서 의욕 격차사회로階層化日本と教育危機-不平等再生産から意欲格差社会へ》(2001)가 있다.

이 두 책은 모두 출신 계층, 즉 어떤 가정에서 태어났는지가 인생에 큰 영향을 끼친다는 것을 강조하고 있다. 이러한 지적은 마치 일본이 신분 세습 사회로 되돌아간 것 같은 인상을 준다. 태어나는 순간 개인의 운명이 거의 결정되는 사회가 다시 도래했다는 것이다. 만약 그런 결정론적인 사회가 다시 열린다면, 어떤 면에선 인생의 향방이 투명해지고 '자신이 어떤 사람이 될지'에 대한 불안은 감소할 수도 있다. 하지만 현실은 그렇지 않다.

어떤 가정에서 태어났는지가 인생에 큰 영향을 끼친다 해도 그것은 결정론이 아니라 확률적 현상일 수밖에 없다. 개인이 '발버둥치면' 계층 상승도 가능하며, 높은 계층의 가정에서 태어나도 계층 하락의 여지가 얼마든지 있다. 오히려 어떻게 발버둥치면 성공하여 계층 상승을 할 수 있을까, 어떻게 해야 지금의 계층을 유지할 수 있을까 등의 고민이 더해져 예전보다 상황이 더 복잡해지고 예측하기 어려워졌다.

좋은 학교를 나와 좋은 회사에 들어가는 것이 가장 확실하고 좋은 경로였던 시대는 끝났다. 좋은 학교를 나와도 '프리터'(프리Free+아르바이트Arbeit의 합성어. 직장 없이 갖가지 아르바이트로 생활하는 청년층)나 '니트족NEET'(학생도 아니고 직장인도 아니면서 그렇다고 직업 훈련을 받지도, 구직 활동을 하지도 않는 청년층)이 될 수 있고, 좋은 회사에 들어가도 그 회사가 어떻게 될지 알 수 없으며, 과로사로 생을 마감할 수도 있다. 이제는 무엇을 목표로, 어떠한 노력을 해야 성공에 도달할 수 있는지 그 방법이 확실치 않아졌다.

전후 고도성장기(1955~1973)부터 1990년까지 일본 사회는 대부분의 사람들이 희망을 가질 만한 조건을 갖추고 있었다. 생활 영역의 각 분야에서 노력이 보증되는 구조가 일정 정도 마련되어 있었다. 이른바 '노력보증사회'였다.

고도성장기의 가장 큰 특징은, '남자' 종업원이면 대부분 회사 내에서 승진하고 좀 더 높은 수입을 얻을 수 있는 지위에까지 오를 수 있었다는 점이다. 예를 들어 중학교나 공업고등학교를 나와 기업에 입사한 청년은 기계 사용법을 배우면서 조금씩 일에 익숙해져 숙련공에서 현장 책임자, 더 나아가 기술자나 공장장이 되는 꿈을 꿀 수 있었다. 이과 대학을 나오면, 기사技師부터 시작하여 공장장, 잘하면 회사 임원까지 되었다. 상업고등학교를 나와 기업에 입사하면 경리나 사무, 영업부터 시작하여 중간 관리직에 오르고 지점장이 되는 경우도 드물지 않았다. 문과 대학 졸업자는 최소한 상위권 기업에 입사하여 중간 관리직은 할 수 있었으며, 그 이상 임원의 길도 열려 있었다.

물론 이 시대에도 학력과 능력에 따른 격차는 있었다. 그것은 소속된 기업 규모의 차이, 출발 위치의 차이, 승진 속도의 차이, 도달점의 차이였다. 학력이 높으면 규모가 큰 유명 회사에 입사할 수 있었고, 승진도 더 높은 단계에서 출발할 수 있었다. 업무 능력이 뛰어나면 승진 계단도 빨리 올라갔다. 업적을 쌓으면 관리직, 임원 등 높은 지위까지 올라갈 수 있었다.

어느 학교를 나오든, 중학교를 나오든 대학원을 나오든, 업무 능력이 높든 일 배우는 속도가 느리든, 계장으로 끝나든 사장까지 올라가든, '기업 내에서 승진하고 급료는 높아진다'는 점은 누구나 마찬가지였다. 자신의 처지에서 열심히 일하고 나름대로 업적을 쌓으면 지위는 올라가고 수입도 늘어날 거라고 기대할 수 있었다.

이렇게 고도성장기에 시작되어 80년대를 거치며 성숙된 안정기를 맞이하던 대량생산·대량소비사회는, 1990년 버블경제 붕괴와 함께 종말을 맞이했다.

양극화되는 고용, 양극화되는 교육

버블경제 붕괴 이후 도래한 'IT 사회' '글로벌 사회'에 대응하기 위해 일본 경제는 산업구조를 새롭게 재편했고, 이는 고용을 양극화시켰다. 이제 노동자들은 이른바 '전문노동자'와 '단순노동자'로 양분되었다.

전문노동자는 창조력(새로운 아이디어를 만들어 내는 능력), 상상력(사람들이 무엇을 원하고 필요로 하는지를 빨리 알아내는 능력), 정보 스킬(정보를 가공하여 시스템을 만드는 능력), 미적 감각(사람들이 갖고 싶어 하는 상품을 만드는 능력)이 필요한 일에 종사하며 높은 생산성을 발휘한다. 반면에 단순노동자는 기술적 발전이 필요 없는 일(배달, 조립하기), 사용 설명서대로 일하면 되는 일(패스트푸드, 편의점, 자료 입력) 등에 종사하며 생산성 상승과는 큰 관련이 없다.

대량생산 · 대량소비가 이루어지던 고도성장기의 노동자는 단순한 일부터 시작해서 차츰 능력을 쌓고 관리직이나 전문직으로 승진했다. 하지만 1990년대 이후 단순직과 전문직이 엄격히 구분되고, 둘 사이의 이동은 원천 차단되었다. 예컨대 자료를 열심히 입력하는 파견사원인 키펀처key puncher는 그 일을 계속해도 시스템 엔지니어나 조사분석자가 될 수 없다. 가게에서 열심히 감자튀김을 만드는 아르바이트생은 출점 계획을 세우거나 새로운 메뉴를 생각하는 기획 사원은 될 수 없다. 노력해서 정사원이 된다 해도 점장店長 정도가 상한선이다.

　　사회가 전문화되고 기술혁신 속도가 빠른 시대에 노동자가 전문적인 능력을 가지려면 일찍부터 장기간 훈련을 쌓아야 한다. 이렇게 해서 생긴 전문 능력의 격차는 웬만큼 노력해서는 좁혀지지 않는다. 전문 능력에 필요한 창조력 · 상상력 · 센스 등은 어릴 때부터 접한 다양한 문화 환경과 경험을 통해 획득할 수 있기 때문이다. 고도성장기에는 기업에서 이 환경과 경험을 제공했지만, 버블경제 붕괴 이후 기업에게는 그럴 만한 여유가 없어졌다.

　　이제 내 아이가 장래 중핵적인 전문노동자가 되길 바란다면 아이가 어릴 때부터 부모가 나서서 많은 경험을 시키고, 쥬쿠에 보내고 학력에도 신경을 쓰며, 아이의 개성과 성격에 맞는 학교를 선택하는 등 교육에 아낌없이 투자해야 한다.

이 같은 사회변화를 반영하여 2000년 이후 일본의 도시지역에서는 사립학교와 공립학교의 이극화二極化가 진행되고 있다. 이로 인해 학교 간 격차가 커지면서 부모의 소득에 따라 아이들이 받는 교육의 질에 차이가 생기기 시작했다. 오사카대학의 마쓰시게 히사카즈松繁壽和 교수는 부모의 소득과 아이의 교육격차의 연관성을 다음과 같이 설명한다.

학력을 통한 계층 이동 변화

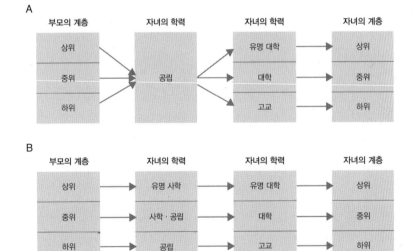

출처 : 마쓰시게 히사카즈, 《소득 격차와 교육격차所得格差と敎育格差》

5장 _ 격차사회

'노력보증사회'에서는 A처럼 부모가 어떠한 계층에 속해도 그 아이가 공립 초등 · 중등교육을 거쳐 다음 교육 단계인 고등학교 · 대학 · 유명 대학에 진학하고, 그 최종 학력에 맞는 사회 계층에 도달한다. 하지만 2000년 이후 B와 같이 중등교육 단계에서 이미 유명 사립학교—일반 사립학교—수준이 높은 공립학교—수준이 낮은 공립학교로 차등화되고, 그 지점에서 최종 학력까지 결정되어 버리는 상황이 되고 있다.

유토리 교육과
학력 저하 논쟁

1990~2000년대 일본 교육에서 눈여겨볼 것은 '중학교 입시'다. 특별한 계층의 사람들만 참여하던 중학교 입시가 일반 사람들 사이에서도 퍼지기 시작한 것은 1970년대 중반부터였으나, 교내 폭력·이지메·부등교 등이 계속 사회문제가 되면서 부모들의 관심은 '대학입시'가 아닌 '중학교 입시'로 더욱 쏠리기 시작한다.

　2000년대 '중학교 입시' 과열의 배경에는 공교육에 대한 불신, 사립학교와 공립학교의 이극화二極化 등의 사회변화가 자리 잡고 있다는 점에서 이전의 '중학교 입시'와는 차별점을 갖는다.

인성 중심으로, 공교육의 변신

1996년 7월 19일 일본 문부과학성 자문기관인 중앙교육심의회에서 학교폭력, 이지메, 부등교 등 학교교육과 청소년을 둘러싼 사회문제들은 학생들의 '유토리ゆとり'(여유) 없는 생활, 사회성 부족, 윤리관

문제, 늦어지는 자립, 건강·체력 약화와 관련이 있다며, 이를 해결하는 동시에 국제성과 사회참여·사회공헌 의식 함양에 필요한 적극성을 키워야 한다는 내용의 '답신'을 발표했다. 답신의 결론은 학생들의 '살아가는 힘生きる力'을 육성해야 한다는 것이었다.

이에 따라 초등학교·중학교는 2002년부터, 고등학교는 2003년부터 〈학습지도요령〉(문부과학성이 공립학교에서 가르쳐야 할 교과내용과 지도 방법 등을 구체적으로 규정한 문서)이 전면 개정되어 학습내용과 학습 시간이 30퍼센트 줄어들고, 완전 주5일제 수업, '종합적인 학습 시간'■과 절대평가제가 도입되었다. 학생의 자율성과 종합인성 교육을 중시하는 이러한 교육 노선을 '유토리 교육'■■이라고한다.

■ 국제화·정보화 시대에 맞춰 아이들 스스로 생각하고 배우는 힘, 살아가는 힘을 육성하기 위한 학습 시간을 뜻한다. 학습 내용은 교과서를 벗어나 체험학습, 문제 해결 학습, 학교와 가정·지역이 연결된 내용, 국제이해, 정보·환경·복지·건강 등이었다. 그러나 이러한 수업을 하려면 충분한 준비 시간이 필요한데, 수많은 업무에 시달리는 교사들이 감당하기 어렵다는 비판이 제기되었다.

■■ 유토리 교육은 이후 국제 학력테스트에서 일본의 순위가 하락하면서 학력 저하의 원인이라는 비난을 받는다. 그 결과 2008년에 '탈유토리 교육'을 지향하는 방향으로 〈학습지도요령〉이 개정되었다. 초등학교는 2011년, 중학교는 2012년, 고등학교는 2013년부터 도입된 내용을 보면, 언어 활동과 이수理数교육 충실, 초·중학교에서 종합적인 학습 시간 수 감축, 총 수업 시간을 초등학교 6년간 278시간, 중

그러나 유토리 교육 노선은 학부모들의 신뢰를 얻지 못했다. 학교 폭력, 학급붕괴로 인해 수업이 제대로 안 되는 학교가 많다는데 수업 내용과 수업 시간을 줄인다니, 부모들이 보기에는 말도 안 되는 소리였다. 유토리 교육을 실행하는 공립학교에서 심각한 학력 저하 현상이 나타날 것이라는 걱정이 많았다. 학력 저하를 우려하는 목소리가 높아질수록 활기를 띤 곳은 사립학교와 쥬쿠였다.

사립학교에서는 '공립학교는 이제 끝났다. 꼭 사립학교로', 쥬쿠에서는 '학교만으로는 아이들 힘을 키울 수 없다. 꼭 학원으로'라는 슬로건을 내걸고 학생들을 끌어모았다. 사립학교와 쥬쿠가 손을 잡고 '쥬쿠를 다니며 사립학교 입시를 준비'하라는 식이었다.

"공립학교는 이제 끝났다"

버블경제 붕괴 이후 계속되는 불경기와 저출산 등으로 위기에 놓인 사립학교와 쥬쿠 입장에서 학력 저하 논쟁은 좋은 기회였다. 이 시기 초등학생, 중학생 자녀를 가진 가정에는 공립학교의 학력 저하를 언급하는 사립학교와 쥬쿠의 홍보 팸플릿이 많이 배달되었다.

학교 3년간 105시간 확대, 교과서 페이지 수 증가, 초등학교 5·6학년 외국어 활동 시간 증설 등이다.

유명 쥬쿠 중 하나인 '에이코 세미나栄光ゼミナール'가 발행하는 학부모를 위한 잡지《사립중고진학 통신》(2001년 6월호) 특집기사에서는 개정된 〈학습지도요령〉의 문제점을 다음과 같이 지적했다.

- 수업 시간뿐 아니라 학습 내용도 격감
- 반복 훈련 경시
- 가르치는 교사에 따라 공부 수준이 차이가 나게 됨
- 학급붕괴가 일어날 위험성이 있음
- 대학 교육 수준은 낮아지지 않음
- 공립 초 · 중 · 고등학교 공부로는 대학 진학이 어려움

이 기사에서는 공립학교의 문제점을 극복할 대응책 중 하나가 사립 중고일관학교라며, 사립학교는 장래 공립학교에서 일어날 학력 저하 위험을 보충하고 아이들 한 명 한 명의 재능을 살려 줄 수 있는 시스템을 갖추고 있다고 설명했다. 덧붙여 "자녀를 원하는 학교에 보내려면 쥬쿠에 보내는 것이 최상의 방법이며, 자녀가 지망하는 학교를 전문으로 하는 쥬쿠에 가는 것이 가장 좋다. 쥬쿠가 오랜 경험을 통해 만든 커리큘럼, 노하우, 풍부한 입시 정보를 바탕으로 입시를 준비하는 것이 가장 효율적"이며, "가정 학습만으로 입시를 준비하는 것은 무리"라고 주장했다.

새로운 〈학습지도요령〉 실시가 다가오면서 사립학교들은 '유토리 교육을 실시하지 않는다'는 신문 광고를 내는 등 더욱 활발하게 움직였다. '토요일도 수업을 실시하여 교과 시간을 확보한다'는 사립학교가 30～50퍼센트에 달했다. 또한 교육위원회가 공립학교를 대상으로 지도하고 연수에 힘쓰는 '종합적 학습'에 대해서도, 그 시간에 '국·영·수' 수업을 하겠다는 사립학교도 있었다.

> 수도권 사립중학교 국어, 사회, 수학, 이과, 영어 수업 시간을 조사한 교육정보회사의 조사를 보면, 내년(2003) 사립중학교의 수업 시간은 공립학교의 1.5배에 달한다. 봄부터 실시되는 새로운 〈학습지도요령〉은 '유토리'를 중시하여 표준 수업 수를 줄였으나, 학력 저하를 일으킨다는 비판 등의 영향으로 사립학교는 수업 시간을 거의 줄이지 않기 때문이다. ─《아사히신문》 2002년 1월 4일

물론 형식적으로는 사립학교도 새로운 〈학습지도요령〉에 맞추어 교육을 하는 공교육의 일환이다. 하지만 현실적으로 사립학교의 수업시간, 교육 내용, 교원 연수 등에 관해 문부과학성이나 교육위원회가 개입할 방법이 없다.

사립학교로서는 공립학교와 똑같이 해서는 학생을 모을 수 없으므로 '특색 있는 교풍校風과 교육'을 내세워 신입생을 끌어모아야 한

다. 그런데 그 '특색'을 학력 증진에서 찾은 것이다. 사립학교들은 공립학교가 손을 놓기 시작한 '교과 중시' 노선, 공립학교에서는 말하기 어려운 '대학 입시에 유리함'를 강조하는 경영 전략을 세웠다. 실

사립학교 진학 희망 이유

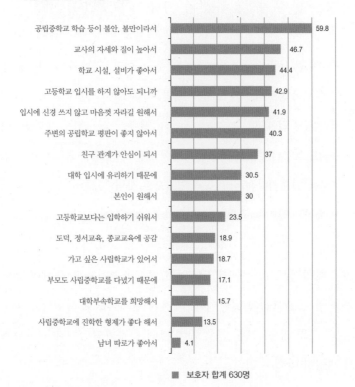

공립중학교 학습 등이 불안, 불만이라서	59.8
교사의 자세와 질이 높아서	46.7
학교 시설, 설비가 좋아서	44.4
고등학교 입시를 하지 않아도 되니까	42.9
입시에 신경 쓰지 않고 마음껏 자라길 원해서	41.9
주변의 공립학교 평판이 좋지 않아서	40.3
친구 관계가 안심이 되어서	37
대학 입시에 유리하기 때문에	30.5
본인이 원해서	30
고등학교보다는 입학하기 쉬워서	23.5
도덕, 정서교육, 종교교육에 공감	18.9
가고 싶은 사립학교가 있어서	18.7
부모도 사립중학교를 다녔기 때문에	17.1
대학부속학교를 희망해서	15.7
사립중학교에 진학한 형제가 좋다 해서	13.5
남녀 따로가 좋아서	4.1

■ 보호자 합계 630명

출처 : 코아네트교육종합연구소コアネット教育総合研究所, 《중학교 교육에 관한 보호자의 의식 앙케이트中学校における教育に関する保護者の意識アンケート》, 2004년

제로 유토리 교육으로 학력 저하가 생기지 않을까 걱정하는 부모들이 쥬쿠나 사립중학교 입시에 많은 관심을 보이기 시작했다.

중학교 입시를 준비하는 부모들을 대상으로 '사립중학교 진학 희망 이유'를 조사한 내용을 보면, 가장 많은 답변이 '공립중학교 학습이 불안하다'이고, 두 번째로 많은 답변이 '사립학교 교사의 자세와 질이 높아서'이다. 역시 공립학교교육에 대한 불신이 크게 작용하고 있음을 알 수 있다. 중학교 입시는 특히 사립학교 수가 많고 진학에 민감한 대도시권의 화이트칼라층을 중심으로 확장되었다.

중학교 입시에 필요한 부모의 능력

중학교 입시는 고등학교, 대학교 입시와 달리 수험생이 아직 어리기 때문에 본인의 노력보다 부모의 노력이 더 많은 영향을 끼친다. 중학교 입시를 준비하려면 쥬쿠에 보내는 비용도 많이 들지만, 아이가 공부하는 분위기를 조성하고 쥬쿠에서 하는 공부 외에도 집에서 엄마와 아빠가 공부를 가르치는 열성도 필요하다. 부모의 경제력은 물론이고, 가정에서 공부를 가르칠 수 있는 능력도 필요한 것이다.

평균적인 예를 들어 보면, 4학년 때는 일주일에 3번 쥬쿠에 가고, 겨울 강좌를 모두 다 포함하면 50만 엔 이하로 충당되지만, 5학년

이 되면 수업이 주 4번으로 늘면서 4학년 때보다 몇 십만 엔 더 오른다. 6학년이 되면 주 4회 수업에 지망 학교별 강좌와 모의시험 비용 등으로 100만 엔 이상이 든다. 게다가 6학년이 되면 가정교사나 개별 지도를 받는 경우가 많기 때문에 그 외에 별도로 30만 엔이 든다. - 스기야마 유미꼬杉山由美子, 《편사치만 믿지 말고 사립중학교를 결정하자偏差値だけに頼らない私立中学校選び》

비용 외에 가정에서 부모들의 공부 부담도 크다. 대부분의 가정이 아이를 쥬쿠에 보내면서 집에서도 필사적으로 공부를 시키며, 중학교 입시 준비에 아버지의 참가율이 점차 높아지는 추세를 보인다.

"아들과 함께 아침 6시부터 1시간 동안 공부를 합니다. 모르는 부분이 없도록 저는 매일 5시에 일어나 아들보다 1시간 정도 예습을 했습니다. 가끔 딱 봤을 때 순간적으로 풀기 어려운 문제가 있습니다. 10문제 중 1문제 정도가 어려운데요, 그 1문제 때문에 아들의 신뢰를 잃어 아들이 공부할 의욕을 잃어버리지 않을까 항상 걱정했습니다."(의사)

"서점에 가서 수험용 문제집을 2권 구입해서 1권은 제가 가지고 1권은 아들에게 주고 매일 밤 그 문제집으로 둘이 공부했습니다. 집에서 아들을 가르치려고 출퇴근 시간과 점심시간에 문제집을 가지

고 공부했습니다. 아버지의 체면이 걸려 있으니까요."(고급 공무원)

─《선데이마이니치サンデー─毎日》2006년 11월 26일

아이는 물론이고 부모들도 입시전쟁에서 살아남으려면 '전사'가 되어야 한다. 아버지가 산수와 이과를 담당하고, 어머니가 국어와 사회를 나눠 담당하는 식으로 아이 공부를 부모가 직접 챙기는 가정도 많다. 회사에서 매일 밤 10시, 11시에 돌아오는 아버지는 집에 와서 아이가 쥬쿠에서 시험 친 내용을 보고 틀린 부분을 분석하여 정리한 뒤 주注를 달아 아이 책상 위에 올려놓는다. 그러다 보면 새벽 1시, 2시가 되어 버린다. 자녀의 중학교 입시를 위해 입시 공부라도 하듯이 열심인 아버지가 2000년 이후로 급증했다.

중학교 입시를 준비하는 표준 코스는 초등학교 4학년부터 3년간 쥬쿠에 다니는 것으로 시작된다. 3년간 다니는 것이 어렵다면 최소한 5학년부터 2년은 준비해야 유명 학교에 합격할 수 있다. 중학교 입시는 고등학교나 대학교 입시와 전혀 다르기 때문이다. 고등학교와 대학교 입시는 학교교육을 기본으로 그 외 학원 모의고사·쥬쿠·문제집 등으로 공부하면 되지만, 중학교 입시에서는 학교 공부와 전혀 동떨어진 문제가 출제되기 때문이다. 초등학교에서 전혀 배우지 않는 내용들이 수두룩하여 문부과학성에 시험이 너무 어렵다고 민원이 접수될 정도이다.

특히 유명 중학교의 시험 문제는 부모들도 시험 시간 내에 4과목 (국어, 산수, 사회, 이과)을 모두 다 풀기 어렵다고 한다. 산수는 당연히 초등학생 수준을 넘고, 국어도 대부분 신문이나 문학작품에 나오는 논설문과 설명문이 출제된다. 아이들 이해력 수준으로는 풀기 힘든 독해 문제들이 많다. 이과도 물론 수준 높은 내용들이 출제된다.

사회 과목은 특히 사립중학교 입시의 특징이 가장 잘 나타나는 과목이다. 역사의 연대나 지리 등 보편적인 문제도 있지만, 그 외 환경 문제 · 국제 관계 · 운수 · 통신 · 자연재해 · 시사 문제 등 현대 사회가 안고 있는 모든 문제들이 출제되고 있다.

사립중학교에서는 성장 가능성이 높은 머리 좋은 아이를 한 명이라도 더 입학시켜 장래 유명 대학에 입학시키려 하기 때문에 시험 문제가 쉬워질 수가 없고, 어려운 시험 문제를 푸는 기술을 배우기 위해 아이들이 쥬쿠에 몰려든다.

이처럼 중학교 입시는 반드시 주쿠를 다녀야 하기 때문에 사교육비가 많이 들뿐더러, 아직 초등학생인 아이들의 공부 부담도 엄청나다. 함께 공부하고 돌봐야 하는 부모의 부담은 말할 것도 없다. 이렇게까지 해서 꼭 중학교 입시를 치러야 하는 것일까? 일본의 부모와 아이들이 중학교 입시에 쏠리게 된 과정을 좀 더 자세히 살펴보자.

일본의 중학교 입시 현황

일본에서 시험을 치르고 입학하는 중학교는 사립중고일관교, 국립대 부속중고일관교, 공립중고일관교가 있다. 전국 1만 1,035개 중학교 중 국립중학교는 76교, 공립중학교 1만 238교, 사립중학교 721개 교 다.(2005년 총무성 《청소년백서》)

사립중고일관교

사립유치원·초등학교·중학교·고등학교는 문부과학성의 〈교육요령〉, 〈학습지도요령〉에서 벗어나 독자적인 방침으로 교육 과정을 편성할 수 있다. 예를 들어 공립학교는 주5일 수업이지만, 토요일에 수업하는 사립학교도 많다. 사립학교에는 유치원부터 대학까지 연결된 학교, 초등학교부터 대학까지 연결된 학교, 중학교부터 대학까지 연결된 학교, 초등학교부터 고등학교까지 연결된 학교, 중학교와 고등학교가 연결된 학교가 있다. '중고일관고'란 중학교와 고등학교가 6년 간 연결된 학교를 말한다.

중고일관고 중에는 학력 중시 교육으로 일류 대학 입학자를 많이 배출하는 학교가 많다. 유치원에 입학하면 대학까지 무시험(경우에 따라서는 간단한 시험)으로 진급할 수 있어서, '에스컬레이트식 학교' 라고도 한다. 학교에 따라 각 단계에서 또다시 학생을 모집하여 입학

시험을 치르는 경우도 있다. 유치원부터 있는 학교도 초등학교 단계, 중학교 단계, 고등학교 단계에서 시험을 쳐서 입학할 수 있다.

국립대부속중고일관교

각 지역 국립대학 교육학부의 부속학교로, 교육연구를 목적으로 대학의 교육 실습을 위해 설립된 학교다. 대체로 부속중·고등학교의 교육 수준과 내용이 일반 공립 초·중·고에 비해 질이 높다는 평이 많고, 교사들 중에 교과서 편집에 참여하거나 교과 연구에 열심인 사람이 많다고 한다. 이처럼 수준 높은 환경 덕분에 고등학교 진학률, 대학 진학률이 일반 공립중고등학교에 비해 상당히 높아 사립중고일관교와 비슷하거나 그보다 더 높은 진학 실적을 올리고 있다. 그 결과, 우수한 수험생과 입학생이 모여들어 학교 전체의 학력 수준을 높이고 있다. 사립학교와 다른 점은, 몇몇 학교를 제외하고는 중학교에서 같은 고등학교로 진학하더라도 시험을 쳐서 합격해야만 다닐 수 있다는 것이다. 대학도 마찬가지다.

공립중고일관교

최근 일본에서는 공립중고일관고 입시도 성행하고 있다. 공립중고일관고는 1999년부터 설립되었다. 처음은 3개 학교뿐이었으나, 2002년 8교, 2003년 14교, 2005년에는 120교, 2011년 179교로 늘어났다. 학교 폭력 문제 등으로 인해 공립학교의 질이 낮다는 평판이 형성되어 우수한 학생들이 사립중학교로 진학하고, 이에 따라 공립학교 전체 학력이 떨어져 부모들이 아이를 보내야 하는지 주저하게 되자, 문부과학성이 '공립 복권'을 목적으로 개설한 학교이다. 유명 대학 진학을 위한 커리큘럼, 지역성을 살린 독자적인 활동, 무엇보다 수업료가 싸다는 것이 매력적이다. 중학교는 의무교육이므로 수업료가 무료이고, 고등학교 수업료도 다른 공립학교와 같다.

또한 한 학년 250~300명 전후였던 학교 규모를 120~160명 정도로 축소하여, 소규모 수업으로 모든 학생을 6년간 꼼꼼히 보살필 수 있는 교육 체제로 진학 면에서 성과를 올리는 명문 학교로 만들려 하고 있다. 2001년 첫 졸업생을 낸 도쿄 도립 하쿠오고등학교에서 도쿄대에 5명을 합격시켜 화제가 되었다. 도시지역에서는 입시 경쟁률이 10배에 달하는 학교도 생길 정도로 사람들의 관심이 높아지고 있다.

중학교 입시의 역사

중학교 입시 관련 잡지 기사를 분석하여 중학교 입시를 준비하는 부모들의 교육 의식과 교육열을 분석한 연구 결과에 의하면, '중학교 입시와 부모'에 관한 기사가 처음 등장한 것은 1974년이고, 1978년에는 《중학교 수험 안내》가 처음 출판되어 진학 쥬쿠에서만 입수할 수 있었던 중학교 입시 정보가 일반에게 공개되었다.

'중학교 입시와 부모' 관련 기사 건수

연도	기사 건수	연도	기사 건수
1974	2	1992	2
1975	1	1993	1
1976	3	1994	1
1977	4	1995	
1978		1996	
1979	6	1997	1
1980	5	1998	9
1981	1	1999	
1982	1	2000	1
1983		2001	4
1984	1	2002	4
1985	1	2003	4
1986	4	2004	5
1987	2	2005	7
1988	1	2006	49
1990		2007	20
1991	3		

출처 : 《오야 소이치大宅壮一문고잡지기사견인 목록文庫雜誌記事牽引目錄》

그러나 1974년까지는 중학교 입시 기사가 간간이 등장하는 정도
였다. 그러던 것이 2000년 이후부터는 매년 기사가 등장하다가, 특
히 2006년 이후 급증했다. '중학교 입시와 부모'에 관한 기사 내용 중
에서 '중학교 입시 준비를 시키는 이유가 무엇인지'를 분석한 결과는
다음과 같다.

① 대학 입시에 유리하기 때문에
② 입시 경쟁을 피하기 위해(중고 일관학교는 고등학교 입시를 하지 않아도
　되고, 대학 부속학교의 경우는 간단하게 그 대학에 갈 수 있으므로)
③ 남들과 다른 교육을 시키고 싶어서(경제적으로 문화적으로 수준이 높
　은 가정의 자녀들이 많기 때문에 질 높은 환경에서 학교생활을 할 수 있다)
④ 공립학교 불신(교내 폭력, 이지메, 학력 저하)
⑤ 주위 환경의 영향을 받아서(주위 사람들이 중학교 입시를 하기 때문에
　덩달아, 쥬쿠에서 시험을 보라고 권유해서)
⑥ 기타(계층사회·격차사회 속에서 하류로 떨어지지 않기 위해, 아이가 가고
　싶다고 해서, 중학교 입시를 통해 목표를 달성하는 힘을 키우기 위해)
⑦ 내 자식에게 맞는 교육을 시키기 위해

앞서 살펴보았듯이, 고등학교 진학률이 90퍼센트를 넘어선 이후
부모들의 관심은 단순히 대학 입학이 아니라 어느 대학에 가는지에

자녀에게 중학교 입시 준비를 시키는 이유

	대학 입시에 유리	입시 경쟁을 피하기 위해	공립학교 불신	남들과 다른 교육을 시키려고	주위 환경 영향으로	그 외	내 자식에게 맞는 학교 선택
1970년대	《주간산케이》 1974. 3. 1	《주간산케이》 1974. 3. 1 《주간산케이》 1974. 3. 1 《선데이매일》 1978. 11. 12 《주간아사히》 1975. 2. 28 《창》 1976. 11	《주간산케이》 1974. 3. 1 《창》 1976. 11	《창》 1976. 11 《창》 1976. 11 《창》 1976. 11			
1980년대	《중앙공론》 1982. 6 《현대》 1985. 1 《주간아사히》 1985. 10. 18	《현대》 1985. 1 《현대》 1985. 1 《현대》 1985. 1	《중앙공론》 1982. 6 《현대》 1985. 1 《현대》 1985. 1	《중앙공론》 1982. 6 《중앙공론》 1982. 6			
1990년대			《주부의 벗》 1991. 2		《주부의 벗》 1991. 2 《주부의 벗》 1991. 2 《라세누》 1993. 2		
2000년대			《주간현대》 2005. 2. 26 《주간현대》 2005. 2. 26 《주간현대》 2005. 2. 26 《요미우리 위클리》 2006. 7. 9		《아에라》 2004. 12. 27 《아에라》 2004. 12. 27 《아에라》 2004. 12. 27 《주간포스터》 2005. 9. 30 《주간포스터》 2005. 9. 30 《주간다이아몬드》 2006. 4. 15 《주간다이아몬드》 2006. 4. 15 《요미우리 위클리》 2006. 7. 9	《아에라》 2006. 3. 20 《아에라》 2006. 3. 20 《주간다이아몬드》 2006. 4. 15 《주간다이아몬드》 2006. 4. 15 《중앙공론》 2006. 9	《주간현대》 2005. 2. 26 《주간현대》 2005. 2. 26 《아에라》 2006. 3. 20 《주간다이아몬드》 2006. 4. 15 《주간포스터》 2005. 9. 30 《주간다이아몬드》 2006. 4. 15

출처 : 《오야 소이치─문고잡지 기사 견인 목록》

집중되었다. 중학교 입시를 준비하는 이유도 6년 후의 대학 입시와 직결되어 있었다.

1967년에 실시된 학구제(거주 지역의 학교에만 입학할 수 있는 제도)로 인해, 도쿄대 합격자 수 1위였던 히비야고등학교와 그 외 유명 도립고등학교들의 유명 대학 진학률이 낮아지고, 학구와는 관계없는 유명 사립고등학교와 국립대부속고등학교의 진학 실적이 급상승했다.

> 중·고 6년간의 일관교육의 매력은 역시 대학 진학에 유리하기 때문이다. 현실적으로 보면, 도쿄대 합격 베스트 10 고등학교를 보아도 알 수 있듯 거의가 6년간 일관교육을 하는 학교들이다.
> – 《주간산케이》 1974년 3월 1일

> 사립학교의 전통과 건학 이념, 생활 지도와 인간 교육에 힘쓴다는 것이 부모가 사립학교를 결정하는 이유가 되기도 하지만, 역시 무엇보다도 가장 큰 동기는 대학에 진학할 때 일류 대학에 갈 수 있다는 것이다. – 《주간아사히》 1985년 10월 18일

아이의 장래를 생각하면 공립중학교에 아이를 맡길 수 없고, 남들에게 인정받을 수 있는 대학에 가려면 치열한 입시전쟁을 치러야 하

는데 그런 자식이 안쓰러운 마음도 작용했다.

"대학 부속학교에 들어가면 고등학교, 대학교 입시를 치르지 않아도 갈 수 있다. 부모 마음으로는 이런 시험지옥을 또다시 경험시키고 싶지 않다."(《주간산케이》 1974년 3월 1일) "지금 고생하면 고등학교 입시, 대학 입시는 고생하지 않아도 된다."(《주간산케이》 1974년 3월 1일) "치열한 고등학교, 대학교 입시를 우리 아이는 이겨낼 수 없을 것 같아서, 적어도 고등학교까지 에스컬레이터식으로 올라가는 사립학교에 보내기 위해 중학교 입시를 생각했다."(《주간아사히》 1975년 2월 28일) "고등학교 입시 때문에 고생하는 자식 모습을 보는 것이 안타까워서"(《창創》 1976년 11월) 중학교 입시를 생각한다는 것이다.

하지만 치열한 고등학교 입시와 대학 입시를 피하기 위해 아직 초등학생인 자녀에게 중학교 입시를 준비시키는 것은 모순돼 보인다.

"대학 입시 때는 전국에서 수험자가 몰린다. 경쟁률도 높다. 하지만 중학교는 그보다는 들어가기 쉽다. 비싼 입학금도 6년 후 대학 입시 때에 비하면 물가 상승 등 여러 가지를 고려해 볼 때 결코 비싼 것은 아니라는 계산이다. 일종의 '예약 티켓'이라고 할 수 있다."(《주간산케이》 1974년 3월 1일)고 말하는 부모도 있다.

하지만 중학교 입시가 고등학교 입시나 대학교 입시보다 간단하다고는 할 수 없다.

중학교 입시 전문 쥬쿠 니치노켄日能研의 창설자인 다카기 미키오

高木幹夫는 일류 중학교 입시를 준비하는 초등학생과 대학 재수생을 비교했을 때 초등학생이 훨씬 더 큰 부담을 느끼고 힘들어 한다고 말한다. 초등학교 6학년이면 아직 머리도 몸도 성장 중인 어린아이다. 그런데 대학에 들어가는 패스포드를 손에 쥐기 위해 입시에 꼭 합격해야 한다는 압력은 대학 재수생과 다를 바가 없다. 게다가 초등학생은 중학교 입시에 실패하면 다음 기회가 없다. 싫어도 공립학교에 들어가야 한다는 선택뿐이다.

사립학교로 상징되는 '수준'

전쟁에 비유될 만큼 치열했던 중학교 입시는 2000년 이후 약간의 변화를 보인다. 물론 장래 일류 대학을 보내려고 중학교 입시를 준비시키는 부모가 여전히 많지만, '주위에 중학교 입시를 준비하는 친구가 많아서' '그냥 경험 삼아' '실패하면 공립학교에 가면 되니까' '좋은 환경에서 여러 경험을 하면서 재미있게 학교생활을 보냈으면 해서' 등의 새로운 경향이 등장한 것이다.

중학교 입시를 준비하는 것을 당연하게 여기는 지역에 살다 보니 주위 환경에 휩쓸려서 중학교 입시를 하는 사람도 나타났다.

아이가 초등학생 때 지방 도시에서 도쿄로 전학을 왔습니다. 처음에는 중학교 입시를 할 생각이 없었지만, 반 학생의 절반 이상이 중학교 입시를 준비한다는 얘기를 듣고 고민하다가 쥬쿠를 보내고 중학교 입시를 준비하기로 했습니다. '격차사회'에 관한 책을 읽고 결심을 하게 되었습니다. 지금 중학교 입시를 하지 않으면 장래 좋은 기회를 얻지 못하게 될 것 같아서……. - 《주간다이아몬드》 2006년 4월 15일

아이를 반드시 일류 학교에 보내야겠다는 의지보다는 주위에 중학교 입시를 하는 가정이 많다 보니 자연스럽게 준비하게 되었다는 것이다.

주변에 중학교 입시를 준비하는 가정이 많으면 자연스럽게 여러 가지 정보를 듣게 되고, 그러다 보면 내 아이만 공립학교에 보내도 되는지 불안한 마음이 들게 마련이다. 또한 아이를 쥬쿠에 보내고 사립중학교에 보내는 것이 부모의 사회적 지위와 소득이 높다는 것을 은연중에 암시하게 되어 부모의 허영심을 충족시키는 역할도 한다. 학교를 선택할 때 그 교육 내용이 내 아이에게 잘 맞는지를 고려하기보다 전통 있는 유명한 학교라는 이유만으로 입시를 준비하는 것이다.

학교를 선택하는 기준도 달라졌다. 70, 80년대에는 일류 중고일관 학교에 가기 위해 중학교 입시를 준비하는 경우가 많았으나, 2000년

이후에는 일류 학교에 갈 실력이 없는 가정에서도 내 자식에게 맞는 학교를 찾는 경향이 등장했다.

부部■ 활동에 야구부가 있는지를 학교 선정의 기준으로 삼거나, 진학 실적뿐 아니라 인간 교육에도 힘쓰는 학교, 내 아이 성격에 맞고 공부는 물론 그 외에도 여러모로 신경 써 주는 학교를 찾는 부모들이 늘어났다. 아이의 성격이나 수준을 고려하여 그에 맞는 사립학교를 찾는 것이다.

그러다 보니 중학교 입시를 준비하는 부모들이 쥬쿠를 보내거나 집에서 공부를 가르치는 것 외에 해야 할 일이 하나 더 늘었다. 관심 있는 중학교를 직접 방문하는 일이다. 학교마다 1년에 수차례 설명회를 열고, 학교 운동회나 축제 때 자유롭게 보러 올 수 있도록 개방

■ 일본의 중·고등학교는 부 활동이 활성화되어 있다. 학교에 따라 부 활동 종류는 조금씩 다르지만, 기본적으로 문화부(미술, 그림, 서예, 합창 등)와 운동부(야구, 축구, 농구, 배구, 테니스 등)가 있다. 연습 시간도 부에 따라 차이가 있지만 기본적으로 방과 후 매일 2시간 정도이다. 특히 운동부의 경우는 아침연습(朝練)이라 하여 첫 수업 시작 전에 1시간 정도 운동을 하고 방과 후에 또 연습을 하는 부도 있다. 1년에 몇 번씩 다른 학교와 시합을 하고, 실력이 있는 학교는 전국대회에도 나간다. 여름방학에 매일 연습하는 부도 있다. 운동부에서 재능을 보인 아이들은 고등학교나 대학교에 특기생으로 뽑히기도 한다. 부 활동에 가입하는 것은 강제성은 없으나 거의 대부분의 아이들이 자기가 원하는 부에 가입한다. 재능이 있는 아이는 그 길로 나가는 경우도 있으나 대부분의 아이들은 학교생활의 일환으로 활동하며, 부 활동은 학창시절의 좋은 추억으로 끝나는 경우가 많다.

하는 학교도 있다. 부모들은 아이와 함께 방문하여 학교와 학생들의 분위기를 확인한다. 학교 방문 일정이 겹치는 경우는 어머니와 아버지가 나누어서 하루에 두세 개 학교를 돌기도 한다.

학교 방문 때 통학 시간, 학교 분위기, 교사와 학생들의 태도는 기본이고, 화장실 청결 상태, 도서관 장서 목록, 음악실 피아노 조율 상태까지도 확인한다. 학교에 골프 연습장이 있다는 것이 선택의 중요 결정 요인이었다고 말하는 부모도 있다.

슈퍼맨 파파

아이가 초등학교 4학년 2학기부터 3년 계획으로 닛신과 요쓰야 오오쓰카 진학학원 2군데를 다니기 시작했다. 두 학원 모두 '일요일 테스트'를 보는데, 시험 시간이 요쓰야는 8시 반부터 12시까지, 닛신은 12시 반부터 4시까지다. 요쓰야에서 닛신까지 30분 만에 이동해야 한다. A부장(42세)은 참 열심히 뛰어 항상 아들과 둘이 전철 안에서 주먹밥으로 점심을 때웠다. '일요일 테스트'를 보는 날 아침 기상은 6시. 아이가 시험을 보는 동안 A부장은 진학학원에서 하는 학부모 교실에 참석하여 가정에서 아이를 어떻게 공부시켜야 하는지에 대한 강의를 듣고 내용을 빠짐없이 공책에 적는다.

아이의 일정표는 늘 꽉 차 있다. 평일 6시 기상→30분간 계산 문제 연습→7시 아침밥→30분간 독서→등교→저녁 4시 하교→6시까지 공부→저녁밥→7시부터 11시까지 공부.

아이의 일정표를 짜는 것은 A부장의 일이다. 아내는 일정표를 보고 참고서의 공부할 부분에 30개 정도 책갈피를 끼워 둔다. 아이는

211

그 페이지를 열어서 공부한다. 1분의 시간 낭비도 없는 철저한 '팀 플레이'다. 연말도 설날도 없었다. 토요일, 일요일의 접대 골프도 모두 거절했다. 밤 12시가 넘어 귀가해도 다음 날 아침 6시면 반드시 아이와 같이 일어났다. 부부 생활도 3년 동안 없었다. A부장은 "아이가 불쌍하다는 생각도 했습니다만 모두 다 필사적으로 하고 있기 때문에……."라고 말했다. – 《주간산케이》 1974년 3월 1일

"아빠의 능력을 보여 주마"

1970년대 아들이 입시전쟁에서 승리하여 유명 사립중학교에 입학하기까지 어느 아버지의 처절한 사투를 기록한 '전쟁일기'다. 비록 50년대 중반부터 시작된 고도성장기의 교육적 흐름을 주도한 것은 '교육 마마'라 불린 어머니들이었으나, 한 집에 같이 사는 아버지들도 이런 흐름에서 완전히 자유로울 수는 없었다. 비록 소수였으나 인용된 내용처럼 아이 공부에 목숨 걸고 달려든 아버지들도 있었다.

그러나 그런 아버지는 소수였고, 무엇보다 어머니를 보조하는 역할에 머물렀다. 그런데 2000년대 이후 새로운 아버지들이 등장한다. 그들은 단순히 아이의 시험공부를 도와주느라 밤잠을 설치는 수준을 넘어, 30~40년 전 교육 마마가 그랬듯이 아이의 성적과 진학 문제에 적극 개입하고 주도하는 모습을 보인다. 비록 그들이 일본의

아버지상을 대변한다고 보기는 어려우나, 이 같은 새로운 아버지들의 등장은 향후 일본 교육의 흐름을 가늠하게 한다는 점에서 눈여겨볼 지점이다.

> 쥬쿠가 끝나고 집에 돌아가는 유명 학교 진학반 아이들 27명을 취재한 결과, 전원이 밤에 집에 돌아가서 아버지와 공부한다고 답했다. 귀가 시간이 너무 늦어지는 경우를 제외하고 매일 밤 아버지가 공부를 가르치는 아이가 16명이나 되었다. 그렇게 대답한 아이들의 아버지는 대부분이 고학력의 이과계 출신이었다. ─《아에라 AERA》 2006년 3월 20일)

2000년대 일본 교육에서 중학교 입시와 함께 눈에 띄는 현상은 아버지들의 활약이다. 높은 교육열을 가지고 자녀 교육에 열성인 이런 아버지들을 '슈퍼맨 파파'(혹은 '교육 파파')라고 한다. 슈퍼맨 파파들은 1970년대 열성 아버지들과 비슷해 보이지만, 다른 사회적 배경과 인식을 갖고 있다. 슈퍼맨 파파는 어떤 사람들이며, 어떻게 등장하게 되었을까?

슈퍼맨 파파의 등장에 대해 기존에 가정에서 어머니가 해 오던 역할을 맡는 아버지가 늘어나면서 나타난 현상이라는 평가가 있다. 이런 아버지들은 어머니와 마찬가지로 자녀 교육에 대한 불안과 스트레스에 노출될 위험성이 있다. 슈퍼맨 파파의 성향을 보면 고학력 엘리트층이 많고, 대부분 1980년 전후에 중·고등학교 시절을 보냈으며, 본인이 사립중고일관학교에 다닌 경험이 있는 아빠가 많다.

광고회사 덴츠電通가 2010년에 조사한 '교육 파파 의식'을 보면, '어릴 때 공부를 잘했다고 생각함' '체험학습보다는 공부와 진학에 관심이 많음' '유토리 교육을 싫어함' '학력은 어릴 때부터 키워야 한다고 생각함' '학교 결정 요인으로 학교 이념과 대학 진학률을 중시함' '육아에는 그다지 적극적이지 않음' 등의 특징을 갖고 있다.

이 조사 결과에 따르면, 교육 파파는 자신의 지식(공부)과 일하면서 쌓은 노하우를 자녀 공부에 발휘하려는 경향이 강하지만, 그러한 노하우를 육아에는 발휘하지 않는다는 것을 알 수 있다.

1998년 히로시마대학 교육사회학연구실 조사에 따르면, 80퍼센트에 가까운 일본 사람이 '학력이 직업 경력의 유리함을 보증해 주지 않는다'고 생각하며, 젊은 층일수록 자녀의 고학력을 지향하는 의식이 낮아지는 경향을 보인다고 한다. 다만, 고학력층과 화이트칼라 계층은 남녀 모두 고학력 지향을 드러냈는데, 이들의 고학력 지향은 고도성장기 때의 고학력 지향과는 다르다.

젊은 고학력층과 화이트칼라 계층의 여성은 가정의 영향(부모의 학력·수입)이 학력을 결정하고 학력으로 인생이 결정된다고 생각하는 '계층 재생산' 의식이 강한 데 비해, 남성은 자녀의 학력이 가정의 영향을 받지만 학력으로 인생이 결정된다고 보지는 않았다. 곧, 학력을 장래의 지위 상승에 필요한 투자라기보다는 자녀 교육에 투자할 수 있는 능력이 있기 때문에 투자한다는 '계층 소비적 고학력 지향 의식'이 2000년 이후 중학교 입시에 적극적인 아버지의 '교육열'을 형성하고 있다고 볼 수 있다. 고학력 화이트칼라 남성은 얼마만큼 자녀 교육에 투자했는지를 자신의 능력(아버지의 능력)을 나타내는 지표로 여기는 것이다.

자녀 교육에 열성이며, 특히 자녀의 중학교 입시에 적극적으로 참가하는 아버지, 슈퍼맨 파파의 활약은 아버지를 위한 교육잡지에서도 확인할 수 있다. 아버지를 위한 교육잡지《프레지던트패밀리プレジデントファミリー》(2006) 표지에 실린 기사 제목을 보자.

2월호　머리 좋은 아이의 생활 습관－재능은 부모가 키운다

9월호　머리 좋은 부모와 자녀의 공부법－성인이 된 후 도움이 되는 가정교육

　　　　최강의 교재 50선－전국 유명 학교들이 사용하고 있다

10월호 돈에 구애받지 않는 자녀 키우는 법 가르쳐 드립니다!

　　　　'혼자서 돈을 벌 수 있는 힘'과 부모의 교육

　　　　'진학·진로' 진단 테스트－성적표로는 알 수 없는 자녀의 잠재능력을 알아보자

215

11월호 담임교사 능력 판정

문제교사 실전 공략법

유명 학교 선생 평판은?

아버지 출동! 학교생활에서 발생하는 문제 격퇴 매뉴얼

선생의 본심과 실태

학교 정보나 공부에 대한 내용뿐 아니라 장차 돈에 구애받지 않고 살 수 있는 아이로 키우는 가정교육법, 문제 교사 퇴치법, 학급붕괴·이지메 등 학교 문제를 해결하는 방법 등 자녀를 위해 아버지가 해야 할 일들을 세세하게 다루고 있다.

또한 '휴일 놀기 가이드'라는 꼭지를 별도로 편성하여 자녀와 함께 놀러 갈 만한 장소를 소개하고, 도쿄국립박물관에서 자녀들의 상상력을 키우려면 무엇을 어떻게 보아야 하는지, 미술관·천문관을 보면서 상상력과 창작 능력을 키울 수 있는 감상 방법은 무엇인지 소개하고 있다. 그 외에도 아버지와 자녀가 함께 감자튀김이나 아이스크림 만들기, 여름방학 아버지와 자녀만의 여행 등도 기사로 다루었다.

아이와 공부로 소통하는 아버지

학교 공부 외에도 자녀와 함께 여가를 즐기고 소통하려고 노력하는 아버지의 모습은 70, 80년대 아버지들에게서는 찾아보기 힘든 새로운 면모이다. 이런 아버지들은 입시 공부에 참여하는 방식도 조금 다르다.

'지금이야말로 아버지의 능력을 발휘할 때! 중학교 입시를 즐기는 법. 자녀와 함께 입시 공부'(《펌킨pumpkin》 1994년 4월) '아버지와 자녀의 입시게임'(《주간아사히》 2005년 1월 28일) '중학교 입시는 재미있어'(《주간 포스트週刊ポスト》 2006년 2월 10일) 등과 같이 중학교 입시를 부모와 자녀가 게임처럼 즐기자는 식이다. 아이와 함께한 중학교 입시 준비 과정을 '중학교 입시 분투기'란 블로그를 개설하여 공개한 아버지도 있다.

합격한 딸의 기뻐하는 모습을 보고 지금까지 느껴 보지 못했던 감격을 느꼈습니다. 부모와 아이가 함께 노력하지 않으면 안 되는 중학교 입시이기에 느낄 수 있는 기쁨이었습니다. 가족 간의 관계가 더욱 깊어지는 중요한 경험이 되었습니다. ―《이코노미스트エコノミスト》 2006년 7월 11일

아이가 초등학교 3학년부터는 목욕도 같이 하지 않고, 4학년이 되면서부터는 점점 멀어지기 시작했습니다. 그럴 때 시작된 중학교 입시. 아버지와 딸이 가장 친밀하게 커뮤니케이션할 수 있는 마지막 시기인 것 같습니다. ―《아에라》 2006년 3월 20일

딸과 함께 중학교 입시를 준비했던 아버지들의 감상이다. 이처럼 자녀와 함께 공부하는 과정 자체를 즐기는 아버지, 중학교 입시 준비를 단순히 힘든 과정으로만 여기는 것이 아니라 입시 준비를 하면서 대화도 많이 나누고 부모 자식 관계를 깊게 다지는 계기로 여기는 아버지들이 바람직한 아버지상으로 새롭게 인식되고 있는 것이다.

아버지를 위한 교육잡지

2005~2006년 사이 초등학생을 둔 부모들을 위한 전문 잡지 《프레지던트 패밀리》, 《에듀edu》, 《日·Kids》, 《아에라 위드 키즈AERA with Kids》가 창간되었다. 남성 비즈니스 잡지에서 파생된 이 잡지들은 '아버지를 위한 육아잡지'라는 새로운 경향으로 업계의 주목을 받았다. '교육잡지 러시아워. 30~40대 아빠를 노려라'(《요미우리신문》 2006년 4월 3일), '마이 홈 아빠가 멋있어. 남성잡지에 번져 가는 가정 지향'(《산케이신문》 2006년 12월 24일) 등 언론에서 이 새로운 현상을 기사로 다루었다.

《프레지던트 패밀리》의 편집장은 "남성잡지 《프레지던트プレジデント》가 비즈니스맨의 문제 해결 노하우를 제공해 왔다면, 《프레지던트 패밀리》는 무대를 직장에서 가정으로 옮겨 자녀와 부모가 재미있게 생활하는 데 필요한 기술을 아버지에게 제공한다"고 밝혔다.

이 잡지들은 자녀를 중심으로 생활환경을 갖추고 풍부한 교육 상품과 교육 서비스를 잘 이용하는 법, 자녀의 인격 형성과 능력 향상에 필요한 생활 습관 형성과 자녀와의 커뮤니케이션 방법, 진학과 입시에 관한 정보 수집과 빈틈없는 교육 전략 등 자녀 교육과 관련한 모든 내용을 담고 있다. 또한 이 잡지들에는 중학교 입시 관련 정보도 실려 있는데, 발행 부수가 가장 많은 《프레지던트 패밀리》의 입시 정보 비율이 가장 높은 것을 보면 중학교 입시에 대한 관심이 높다는 것을 알 수

219   5장 _ 격차사회

있으며, 잡지 내용에서도 중학교 입시에 적극적으로 참가하는 아버지
가 증가하고 있는 경향을 확인할 수 있다.

다음은 《프레지던트 패밀리》 등 여러 잡지에 실린 기사 제목이다.

- ◆ **분발하세요 아버지** : 자녀 입시에 '우는 아버지' 급증 – 《주간아사
  히》 2002년 4월 12일
- ◆ **아버지와 자녀의 입시게임** – 《주간아사히》 2005년 1월 28일
- ◆ **능력 있는 아버지가 입시에 승리한다** : 비즈니스 노하우를 살려
  서 – 《아에라》 2006년 3월 20일
- ◆ **아버지도 결정권을 가진다면** : 아들 · 딸을 보내고 싶은 학교
  나가에 아키라永江朗(와세다대 교수)의 출판 업계 동향 : 키워드
  는 '중학교 입시'와 '아버지' – 《주간다이아몬드》 2006년 4월 15일
- ◆ **육아잡지의 '승자勝ち組' 지향** – 《주간이코노미스트》 2006년 5월 16일
- ◆ **아버지를 위한 '중학교 입시' 기본 강좌**
  부모의 힘이 자식의 능력을 결정한다 : 아버지 참여로 더욱 과격화
  – 《현대》 2006년 8월
- ◆ **과열되는 중학교 입시 붐** – 《중앙공론》 2006년 9월

♦ **중학교 입시** : 고학력 아버지일수록 빠져드는 '시험지옥' – 《선데이 마이니치》 2006년 11월 26일

♦ **지금, 시험받는 아버지의 힘** – 《주간다이아몬드》 2007년 3월 27일

기업이 원하는 인재상
'살아가는 힘'과 '인간력'

아버지를 위한 교육잡지를 살펴보면 예전과는 다른 새로운 아버지의 육아법과 자녀 교육법, 아버지의 역할이 눈에 띄는데, 특히 '가정에서의 생활 습관과 커뮤니케이션'이 강조된다.

좋은 생활 습관과 커뮤니케이션→자녀의 능력 향상→학력의 토대→학력 향상으로 연결된다고 보기 때문에, 좋은 생활 습관 형성과 커뮤니케이션 방법에 관한 정보는 가정교육 잡지에 반드시 넣어야 할 중요한 내용으로 꼽힌다.

통신교육, 출판업 등으로 유명한 베넷세Benesse Corporation가 2001년에 조사한 초등학생의 '가정환경과 학력'의 상관관계를 보면, 상위권 학생의 가정일수록 '집에 책(만화, 잡지 이외)이 많다' '자신의 공부방이 있다' '부모님과 대화가 많다' '부모님은 나의 성적을 잘 알고 있다' '가족과 함께 박물관이나 미술관에 자주 간다'고 한다. 반면 부모가 공부하라는 말을 자주하는 가정은 성적이 낮은 아이가 많다.

상위권 아이의 부모들은 공부하라고 말하기보다는 평소 자녀들

학교에서 중시했으면 하는 지도와 교육

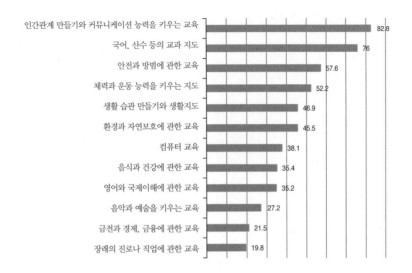

인간관계 만들기와 커뮤니케이션 능력을 키우는 교육	82.8
국어, 산수 등의 교과 지도	76
안전과 방범에 관한 교육	57.6
체력과 운동 능력을 키우는 지도	52.2
생활 습관 만들기와 생활지도	46.9
환경과 자연보호에 관한 교육	45.5
컴퓨터 교육	38.1
음식과 건강에 관한 교육	35.4
영어와 국제이해에 관한 교육	35.2
음악과 예술을 키우는 교육	27.2
금전과 경제, 금융에 관한 교육	21.5
장래의 진로나 직업에 관한 교육	19.8

출처 : 베넷세교육연구개발센터Benesse教育研究開発センター, 《초등학교 영어에 관한 기본조사 -
보호자 조사小学校英語に関する基本調査−保護者調査》, 2007년

과 자주 대화하고 공부를 직접 봐 주거나 공부가 어느 정도 진행되
고 있는지 궁금해 한다. 단순히 공부하라고 강요하는 것이 아니라
부모가 함께 공부도 하고 박물관에 다니면서 많은 대화를 나누는 아
이가 성적도 좋다는 것이다.

또한 고등학생의 '대인 관계 능력'을 조사한 연구에 따르면, 가족
간 커뮤니케이션의 밀도가 높은 학생일수록 대인 관계 능력이 높고,

5장 _ 격차사회

대인 관계 능력이 높은 사람일수록 장래 진로가 뚜렷하다고 한다. 학력이 높은 학생보다는 좋은 대인 관계를 만드는 능력이 뛰어난 고등학생이 장래상이 확실하고, 목표를 향해 달려가는 의욕도 높다는 것이다.

'자신이 무엇을 하고 싶은지 찾지 못하는' 젊은이들이 늘어나면서, 이 문제를 해결하려면 고등학교 단계에서 대인 관계 능력을 높이는 교육에 착목할 필요성이 있다는 의견이 제기되고 있으며, 초등학생 학부모들도 대인 관계 능력과 커뮤니케이션 능력 향상에 대한 관심이 매우 높다. 초등학생 학부모가 학교에 원하는 교육 내용을 조사한 연구에 따르면, 1위가 '원만한 인간관계 형성에 필요한 커뮤니케이션 능력을 키우는 교육'이었다. 학습에 관한 요구는 오히려 그 다음이었다.

일본에서 이처럼 커뮤니케이션 능력에 높은 관심을 갖게 된 것은 언제부터일까? 이를 확인하려면 일본 경제계에서 요구하는 인재상의 변화를 살펴볼 필요가 있다.

1996년 〈창조적 인재 제언〉

일본 부모들에게 자녀 교육의 최종 목표는 자녀의 취업이므로, 부모의 교육열과 해당 시기 사회와 기업이 필요로 하는 인재상은 매우 밀접한 관련이 있다. 1996년 3월 26일 일본 경제단체연합회가 제출한 〈창조적 인재를 육성하기 위해—필요한 교육개혁과 기업의 행동〉(이하 '창조적 인재 제언') 을 보자.

종래 일본 사회는 '구미를 따라잡기 위해, 구미를 뛰어넘는 것'을 목표로 하여, 정해진 목표를 효율적으로 실현할 수 있는 인재를 육성해 왔다. 그 결과 사회 전반에 걸쳐 지식의 양은 증가했으나 자신의 목표와 해결해야 할 과제를 설정하는 능력이 부족한 사람이 늘고 있다. 특히 학교교육에서는 정해진 목표를 효율적으로 달성하기 위해 평균적으로 질 높은 인재, 조직과의 협조를 우선하는 인재를 키워 왔다. 바꿔 말하면, 학교교육은 주어진 과목 모두 좋은 점수를 받는 것에 초점을 맞추어 지도해 왔다. 이 같은 교육으로 인해 창조력을 양성하는 데 필요한 교육은 중요시되지 않았고, 그 결과 전체적으로 인생의 각 단계에서의 목표 설정, 자신이 해결해야 할 과제를 설정하는 능력이 부족한 사람이 증가했다. 그리하여 〈창조적 인재 제언〉에서는, '따라잡기형', '뛰어넘기형', '관민협조형' 경제 시스템을 바꾸는 데 필요한 주체적으로 행동하고, 자기 책임 관념이 확실하며, 창조력 넘치는 인재를 육성하기 위한 요건으로 다음의 세 가지를 제시한다.

1. 주체성

창조성의 근본은 개인의 주체성에 있다. 그것은 타인이 정한 기준을 무조건 따르는 것이 아니라, 자기 자신의 목표·의지를 기준으로 나아가야 할 길을 자신이 선택하여 행동하는 것이다. 여러 가지 문제에 맞닥뜨렸을 때 지식으로 주어진 해결책을 기계적으로 적용하는 것이 아니라, 기존 지식에 사로잡히지 않는 자유로운 발상으로 스스로 해결하는 능력이 필요하다.

2. 자기 책임 관념

개인의 자유롭고 주체적인 선택이 방약무인傍若無人한 행동이 아니라 사회적 의식과 가치를 가진 행동이 되려면, 개인이 자기 선택에 책임을 질 필요가 있다. 선택이란 또 다른 하나를 버리는 것이고, 자기 책임이란 몇 가지 선택 사항 중에서 스스로의 판단으로 하나를 결정하는 것이다. 개인의 주체성과 자기 책임을 확립한다는 것은 타인의 주체성을 존중하는 사회성을 자연스럽게 키우는 것이며, 사회규범·윤리에 관한 의식을 높이는 것과 연결된다.

3. 독창성

각각의 인재가 가지고 있는 창조성을 끄집어내는 동시에, 과학·기술과 예술·문화 등 여러 분야에서 세계를 선도해 갈 수 있는 높은 독창성을 가진 인재를 발굴·육성하는 것도 중요하다. 독창적이고 탁월한 인재는 잠재적 소질과 선천적 재능으로 결정되는 경우가 많다. 이처럼 특별히 뛰어난 소질과 재능을 가진 인재를 초기에 발굴하여 집중적으로 육성하는 것도 금후의 과제이다.

〈창조적 인재 제언〉은 그런 인재를 육성할 제도 개혁이 필요하다며, 지금까지의 '단선적' 시스템 대신 '복선적' 시스템을 제안했다. 단선적 시스템은 아이들에게 유명 학교 진학, 유명 대학 졸업, 일류 기업 취업이라는 단일한 세트 메뉴를 보여 주며, 이 과정을 잘 밟는 것이 장래 행복과 연결된다는 생각을 갖게 하는 시스템이다. 그 과정에서 학력 시험 중심의 획일적 평가로 이루어진 상급 학교 진학 시험을 거치면서 입시전쟁이 격화될 수밖에 없다.

이러한 시스템을 '여러 가지 가치 척도'를 기준으로 많은 봉우리를 가진 교육 체계를 만들어, 학생이 자신의 관심과 능력에 따라 결정한 산에 오를 수 있는 구조로 변혁시키는 것, 특히 진학 시험과 기업의 채용 시험에서 개인의 능력과 개성을 여러 각도에서 복안적複眼的으로 평가할 수 있는 시스템을 구축해 나가야 한다는 제언이다.

이 제언의 특징은 '정해진 목표' '타인이 정한 기준' '많은 양의 지식'과 '학력 시험을 중심으로 하는 획일적인 평가' 그리고 '조직과의 협조'를 명시적으로 부정하고, 그 대신에 '자신의 목표, 해결해야 할 과제 설정' '기존 지식에 사로잡히지 않는 자유로운 발상에서 생긴 문제 해결 능력' '복안적 평가'를 강조한다는 점이다.

2004년 〈차세대 육성 제언〉

일본 경제단체연합회는 2004년에도 〈21세기를 살아남기 위한 차세대 육성을 위한 제언〉(이하 '차세대 육성 제언')을 내놓았다. 〈차세대 육성 제언〉 역시 1996년의 〈창조적 인재 제언〉과 마찬가지로 "주어진 지식만을 믿고 행동하는 것이 아니라 사물의 본질을 파악하고 자신이 알아서 행동하여 문제를 해결할 수 있는 인재 육성이 시급하다"고 강조하며, 산업계가 필요로 하는 인재가 가져야 할 능력을 다음 세 가지로 정리했다.

1. 뜻志과 마음心

'뜻과 마음'이란 사회의 일원으로서 규범을 갖추고 모든 일에 사명감을 갖고 행동하는 힘이다. 사업 활동을 추진하는 데에는 성실함과 신뢰를 받을 수 있는 인간성과 윤리관을 갖추는 것이 절대 조건이다. 또한 일을 비롯하여 여러 가지 형태로 사회에 공헌하려는 의욕, 목표를 성공시키려는 책임감과 높은 뜻이 요구된다.

2. 행동력

행동력이란 정보 수집과 교섭, 조정調整 등을 통해 곤란을 극복하면서 목표를 달성하는 힘이다. 목표를 달성하려면 주변 사람, 때에 따라서는 다른 나라 사람들과도 계속 의견을 조정하고 이해를 넓혀야 하는데, 그러려면 고도의 커뮤니케이션 능력이 필요하다. 의견이 다른 사람과 논쟁할 수 있는 훈련과 경험이 필요하며, 자국의 문화를 충분히 이해한 다음 다른 문화를 이해하는 능력이 요구된다.

3. 지력知力

'지력'이란 사물을 깊게 탐구하고 끝까지 생각하는 힘이다. 각 분야의 기초학력과 함께 사물을 깊게 탐구하고 끝까지 생각하는 힘과 논리적·전략적 사고력, 나아가 높은 전문성과 독창성이 요구된다. 대학생들에게 정답이 여러 가지인 문제나 해명되지 않은 문제를 주면 사고가 멈춰 버린다는 지적이 있다. 자신의 지식을 통합하여 발전시킬 수 있는 사고 훈련을 이른 단계부터 시킬 필요성이 있다.

〈차세대 육성 제언〉에서는 산업계가 필요로 하는 인재가 갖추어야 할 세 가지 능력을 도표로 정리하여 제시하였다. 2004년의 〈차세대 육성 제언〉은 1996년의 〈창조적 인재 제언〉보다 더 자세히 개별 요소가 나눠져 있고, 도표까지 제시하는 등 인재 이미지가 정밀화되

산업계가 필요로 하는 인재의 세 가지 능력

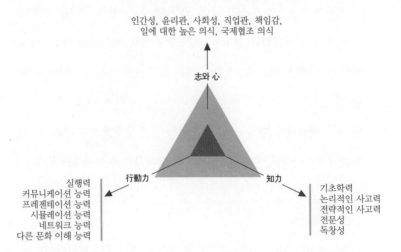

인간성, 윤리관, 사회성, 직업관, 책임감,
일에 대한 높은 의식, 국제협조 의식

志와 心

行動力

실행력
커뮤니케이션 능력
프레젠테이션 능력
시뮬레이션 능력
네트워크 능력
다른 문화 이해 능력

知力

기초학력
논리적인 사고력
전략적인 사고력
전문성
독창성

어 있다. 그리고 〈창조적 인재 제언〉에서는 강조하지 않았던 '기초
학력'과 '전문성'이 부활한 것은, 1990년대 후반에 일어난 학력 저하
논쟁에 대한 산업계의 대응책으로 볼 수 있다.

실제로 〈차세대 육성 제언〉은 경제협력개발기구OECD의 국제학
업성취도평가PISA 결과 일본 최상위층 학생의 학력 수준과 학습 의
욕이 다른 나라보다 뒤떨어진다고 언급하고 있다. 그러면서도 "앞
으로 교육은 개개인의 잠재 능력과 다양한 개성에 착목하여 지식과
함께 풍부한 경험, 높은 커뮤니케이션 능력, 구상력과 결단력, 폭넓

은 교양, 높은 윤리관과 책임감을 갖춘, 말하자면 리더십을 가진 인재를 육성해야 한다"고 지적했다. 여기에 더해 단순한 지식이 아닌 '살아가는 힘'이 중요하다는 것을 다시 한 번 강조하고 있다.

이처럼 1990년대 이후 일본 경제계는 주체성, 독창성, 의욕과 커뮤니케이션 능력, 사고력 등의 필요성을 꾸준히 제언해 왔다. 이러한 기본 방향은 2000년대 중반에 이르러 경제계의 '인재상人材像'을 만드는 기준이 되었고, 이는 곧 일본 사회 전체가 요구하는 '인재'와 '능력'을 결정하는 바탕이 되었다.

실제 기업에서 사원을 채용할 때 기준으로 삼는 인재상에서도 경영자 단체의 제언과 같은 변화를 확인할 수 있다. 1971년《리쿠르트 회사총람リクルート会社総覧》, 1986년《취직사계보기업정보판就職四季報企業情報版》, 2001년《회사사계보학생취직판会社四季報学生就職版》에서 각 기업 채용 담당자가 밝힌 인재 선발 기준을 분석한 결과, 사상적 온건함과 협조성, 추상적인 정신론, 학업성적과 기초적인 지식에 관한 항목은 쇠퇴한 반면, 사고력과 유연성, 문제의식, 변혁성, 목표 실행력 등의 항목은 증가했다. 2000년대 중반 이후 경영자단체의 제언 내용이 기업에서 실제 채용을 담당하는 사람들에게도 침투되고 있는 것이다.

이러한 변화를 반영하듯 인터넷 검색 시스템을 이용하여 일본 4개 주요 신문의 기사 내용에서 '창조성' '주체성' '커뮤니케이션 능력'

기업의 채용 담당자가 원하는 인재상

	인재상		71년	86년	01년		해석
1	문제를 일으키지 않을 것	사상 온건 중립	16	179	168		1971~1986년의 변화
		원만한 인품	17	143	143	쇠퇴	
		인내력	27	78	81		
2	사회변화에 앞장서서 대응할 수 있는 힘	감성이 풍부한가	56	26	16		회사 내부의 기존 룰 적응
		사고력	63	30	42		
		유난성	47	6	4		⬇
		문제의식을 가짐	84	40	26	새롭게 등장	
		변화에 대응	63	16	21		외부 환경 변화에 유연성 있게 대처
		도전	51	2	1		
		실패를 두려워하지 않음	84	34	27		
		글로벌	91	23	18		
3	정신론	화이팅	9	32	103	쇠퇴	1986~2001년의 변화
		건전한 정신	13	29	81		'의욕' 중시의 정신론
		건강	1	11	29		
		협조성	3	13	31		⬇
		불굴의 정신	18	6	44		
		강한 의지	27	21	44		실제로 무엇을 할 것인가
		정신력	43	26	14		
4	피고용 능력	전문성	59	66	23	새롭게 등장	
		자립·독립심	55	49	25		
		변혁성	56	38	22		
		적극성	63	45	14		
5	장래 성장할 수 있는 소질	학업 성적	24	92	143	쇠퇴	1971~2001년의 변화 '소질' 있는 사람을 채용·육성
		업무 내용에 흥미 관심	19	85	103		
		기초적 능력	29	58	11		⬇
		연구심	21	58	103		목적의식을 갖고 자신이 목표를 세워 실행하는 사람을 중시
		상식	25	58	81		
6	새로운 방향성을 추구하는 자세	목표를 세워 실행함	56	32	15	새롭게 등장	
		호기심	181	34	17		

출처 : 이와와키 치에岩脇千裕,《고도성장기 이후의 대학 신졸자 채용에 관한 원하는 인재상의 변화高度成長期以降の大学新卒者採用における望ましい人材像の変容》

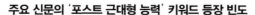

주요 신문의 '포스트 근대형 능력' 키워드 등장 빈도

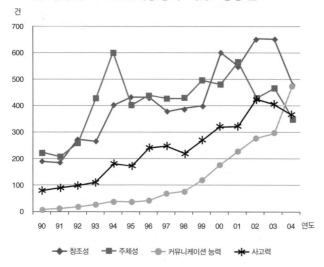

출처 : 혼다 유키本田由紀,《다양화하는 '능력'과 일본 사회多元化する'能力'と日本社会》

'사고력'이란 네 단어의 등장 추이를 확인해 본 결과, 1990년대 이후 사용 빈도가 증가하였으며, 특히 '커뮤니케이션 능력'은 2003년 이후 계속 증가 추세를 보였다.

'살아가는 힘'에서 '인간력人間力'으로

경제계의 인재 제언은 교육정책의 기본 이념과도 관련되어 있다.

1990년대 중반 이후 문부성의 교육 이념 구호는 '살아가는 힘'이다. 1996년 7월에 제출된 중앙교육심의회 1차 답신의 제목은 〈21세기 일본의 교육 자세에 관하여―아이들에게 '살아가는 힘生きる力'과 '유토리'〉다.(이 답신은 이후 '수업 내용 30퍼센트 삭감', '종합적 학습 시간 신설' 등 사회적 관심을 모은 〈학습지도요령〉의 기반이 되었다.) 이 보고서는 '살아가는 힘'을 다음과 같이 설명했다.

1. **'살아가는 힘'**이란 변화가 빠른 현대사회에서 타인과 협조하는 동시에 자율적으로 생활해 나가는 데 필요한 실전적 힘이다. 그것은 종이 위의 지식이 아닌 살아가는 데 필요한 지식이다.

2. **'살아가는 힘'**이란 단순히 과거의 지식을 기억하는 것이 아니라, 처음 접하는 상황에서도 스스로 과제를 찾아 스스로 생각하고 문제를 해결해 가는 자질과 능력이다. 또한 넘쳐나는 정보 중에서 자신에게 정말 필요한 정보를 선택하여 주체적으로 자신의 생각을 쌓아 가는 힘이다.

3. **'살아가는 힘'**이란 이성적인 판단력과 합리적인 정신뿐만 아니라, 아름다운 것과 자연에 감동하는 마음과 유연한 감성을 지니는 것이다. 착한 일에는 감명하고 잘못된 것은 미워하는 정의감과 공정성, 생명을 귀하게 여기고 인권을 존중하는 마음 등 기본적인 윤리관과 타인을 생각하는 마음, 상대방의 입장에서 생각

하고 공감할 수 있는 따뜻한 마음, 봉사 정신 등 사회 공헌 정신
도 '살아가는 힘'을 형성하는 중요한 요소이다.

'살아가는 힘'은 앞에서 살펴본 경제계의 인재 제언과 비슷한 부분
이 많다. 주체성, 판단력, 창조성, 문제 해결 능력 등 공통 키워드가
나열되어 있다. 다만 중앙교육심의회의 답신은 '타인을 생각하는 마
음과 감동하는 마음', '아름다운 것과 자연에 감동하는 마음과 유연
한 감성', '생명을 귀하게 여기고, 인권을 존중하는 마음' 등 경제계의
인재 제언보다 도덕적 측면을 강조하고 있다. 즉, 경제계의 제언에
'교육적' 요소를 덧붙여 확장한 것이라고 할 수 있다.

'살아가는 힘'이란 기본 이념은 2003년 중앙교육심의회 답신에서
도 이어지고 있는데, 특별히 2003년 답신에서는 학력을 강조하고 있
다. 2003년 중앙교육심의회 답신의 '살아가는 힘'은 '확실한 학력',
'풍부한 인간성', '건강·체력'으로 나눠져 있다. 여기서 '확실한 학력'
이 강조된 이유는, 앞에서 말한 경제계의 제언과 같이 1990년대 후
반의 학력 저하 논쟁과 유토리 교육 비판의 영향이다.

그러나 이후에도 학력 저하 논쟁과 유토리 교육 비판이 그치지 않
자, 이후 '살아가는 힘'은 점점 힘을 잃고 그 대신에 '인간력人間力'이
란 새로운 개념이 등장했다.

주요 4개 신문 기사 제목에 '살아가는 힘'과 '인간력' 두 단어가 등

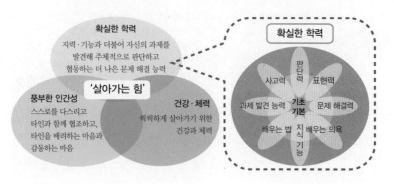

'초·중등교육 교육과정과 지도 개선 방침에 관하여' (2003년 10월)

장하는 횟수 추이를 살펴보면, '살아가는 힘'의 등장 횟수는 2002년을 정점으로 급격하게 감소하는 데 비해, 2003년 무렵부터 '인간력'의 등장 횟수가 갑자기 증가한다.

'인간력'이 무엇을 말하는지는 2002년 8월 30일 도야마 아스코遠山 敦子 문부과학상이 발표한 〈인간력 전략 비전─새로운 시대를 열어갈 든든한 일본인 육성〉에서 확인할 수 있다. 여기서 말하는 '인간력 비전'은 다음과 같다.

1. 자신이 생각하여 행동하는 일본인
2. '지知'의 세기를 이끄는 최고 수준의 인재 육성
3. 풍요로운 문화와 사회를 계승, 창조하는 일본인

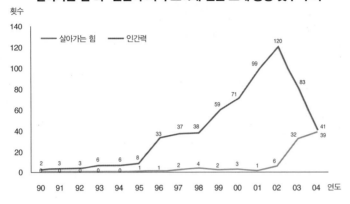

'살아가는 힘'과 '인간력'의 주요 4개 신문 표제 등장 횟수 추이

출처 : 혼다 유키, 《다양화하는 '능력'과 일본 사회》

    4. 국제사회를 살아가는 교양 있는 일본인

이 네 가지 목표를 달성할 구체적인 정책은 다음의 여섯 가지다.

    1. 확실한 학력 육성

       - 국민의 교육 수준은 경쟁력의 기반

    2. 풍요로운 마음을 육성

       - 윤리관, 공공심과 타인을 생각하는 마음

    3. 최고 수준의 두뇌, 다양한 인재 육성

       - 세계를 이끌어 갈 인재 육성

4. '지知'의 세기를 이끄는 대학 개혁

    - 경쟁적 환경 속에서 개성이 빛나는 대학 만들기

5. 감동과 충실

6. 새로운 시대를 살아가는 일본인

    도야마 아스코가 제시한 '인간력 비전'은 문부과학성 내부에서뿐 아니라 그 외 정부 기관과 사회 일반에 급속히 보급되기 시작했다. 경제재정자문회의 발안을 토대로 2002년 11월에 발족한 '인간력전략연구회'(내각부 담당)가 2003년 4월 10일에 제출한 보고서를 보자. 〈젊은이들이 꿈과 목표를 가지고, 의욕을 높이는 신뢰와 연계 사회 시스템〉 보고서는 '인간력'을 '사회를 구성하고 운영함과 동시에 자립할 수 있는 한 사람의 인간으로서 강하게 살아 나가기 위한 종합적인 힘'이라고 정의하고, 그 구성 요소로 다음 세 가지를 들고 있다.

① '기초학력(주로 학교교육을 통해 습득한 기초적인 지적 능력)', '전문적인 지식 · 노하우'를 지니고, 그것을 계속해서 높여 갈 수 있는 힘. 그 위에 응용력으로서 구축된 '논리적 사고력', '창조력' 등의 지적 능력적 요소

② '커뮤니케이션 기술', '리더십', '공공심', '남을 존중하고 절차탁마 切磋琢磨하며 서로를 키워 주는 힘' 등 사회 · 대인 관계력적 요소

③ 이 같은 요소를 충분히 발휘하기 위한 '의욕', '인내력', '자신다운 삶과 성공을 추구하는 힘' 등의 자기 억제적 요소

이처럼 2000년 이후 일본의 경제계와 교육계는 물론이고 모든 정부 기관이 '기초학력'과 '대인 관계', '의욕', '사고력', '창조성'을 한목소리로 외치고 있다.

다시 가정교육으로

'인간력'을 키우려면 어떻게 해야 할까? 2004년 발표된 〈차세대 육성 제언〉은 '교육개혁을 뒷받침하는 지역, 가정, 산업계의 역할' 항목에 서 '가정교육을 중시한다'고 못 박고 있다.

모든 사람들이 아는 바와 같이 교육의 기본은 가정이다. 의무교 육 단계에서 교원 업무의 거의 절반이 수업보다 '생활지도'라는 지 적이 있다. 부모는 기본적인 생활 습관, 선악 판단의 기본적 윤리 관, 사회적 매너 등을 가르치는 것을 자신의 의무로 자각해야 한다. 그리고 학교 선택제 도입과 더불어 각 학교마다 특색 있는 활동을 전개해 나가는 상황에서, 부모는 자녀가 다니는 학교를 선택했다는 행위에 책임을 지고 학교 운영에 적극 참여하고 협력해야 한다. 또 한 요즘 문제가 되고 있는 학력 저하의 원인으로 식사, 수면과 같은 생활 습관을 소홀히 하여 아이들의 체력·지력知力·끈기(즉, '살아 가는 힘' 그 자체)가 저하되고 있다는 지적도 있다. 아침 식사 유무가 학력에 영향을 준다는 조사 결과도 있다. 학교에서 할 수 있는 일은 한계가 있다. 가정에서 학력 저하의 책임을 학교에 묻기 전에 가정에서 마땅히 해야 할 일을 생각하는 것이 중요하다.

일본 정부의 정책적 개입

가정교육의 중요성은 1990년대 후반부터 교육계에서도 중요 정책으로 강조되었다. 1996년 7월 중앙교육심의회의 답신 〈21세기 일본의 교육 자세에 관하여〉에서 이미 "자녀의 교육과 인격 형성에 대한 최종 책임은 가정이 져야 한다"고 못 박고, "가정교육은 각 가정의 가치관과 특성에 맞게 이루어져야 하며, 행정의 역할은 어디까지나 조건을 정비하여 가정의 교육력을 지원하는 것이다"라고 밝혔다.

구체적인 행정 지원책은 가정에서 학습 기회 만들기, 육아 지원 네트워크 추진, 부모 자녀 간 공동 체험의 기회 만들기, 아버지의 육아 참여 지원 · 추진 등이다. 정부에서는 가정교육의 조건을 마련해 주고, 그 자세한 내용은 각 가정의 방침을 존중한다는 것이다.

이후 가정교육을 지원하는 정부 정책은 아주 적극적으로, 매우 자세히, 구체적인 방향으로 나아갔다. 그 전형이 1998년 6월 중앙교육심의회의 답신 〈새로운 시대를 개척하는 마음心을 키우기 위해—차세대를 키우는 마음을 잃어버릴 위기〉이다. 이 답신은 1997년 봄 고

베에서 일어난 아동연쇄살인사건■을 계기로 하시모토 류타로橋本 龍太郎 수상이 '마음의 교육心の教育'의 필요성을 제창한 것에 발맞춰 나왔다.

이 답신은 자녀의 '살아가는 힘'을 키우기 위해 가정이 해야 할 일로 가족 간 대화 늘리기, 함께 식사하기, 자녀들에게 집안일 시키기, 유아에게 부모가 책 읽어 주기 등 여러 방면에 걸쳐 자세한 제언을 담았다. 이후 문부과학성은 후생노동성과 함께 '가정교육수첩', '가정교육 노트', '가정교육 비디오'를 작성하여 각 학교에 배부했다. 이어서 2000년 11월 문부과학성의 생애학습심의회 분과심의회는 〈가정의 교육력 충실을 위한 사회교육 행정 정비〉 보고서에서 다음과 같이 강조했다.

자녀의 예절 교육은 부모의 책임이자 즐거움이며, 초등학교 입학

■ 1997년 고베에서 중학생(14세)이 벌인 연쇄살인사건. 수개월 동안 2명이 사망하고 3명이 중경상을 입었다. 피해자는 초등학생들이었다. 엽기적인 범행 수법과 심한 시체 손상, 피해자의 머리를 '성명문'과 함께 중학교 정문 앞에 놓고 지역신문에 '도전장'을 우송하는 등의 대담함 때문에 사회적으로 큰 관심이 쏠렸다. 범인이 쓴 성명문에 사카키바라酒鬼薔薇(술 도깨비 장미)라고 씌어 있어서 '사카키바라 사건'이라고도 불린다. 범인이 평범한 중학생이었다는 사실이 밝혀지면서 일본 사회 전체가 강한 충격을 받았다.

전까지 유아기에 필요한 생활의 기초 훈련을 마치고 아이를 사회에 내보내는 것이 가정의 임무이다. 가정은 엄격한 예절 교육의 장소인동시에 대화와 웃음이 넘치는 '마음의 정원'이다. 모든 교육은 '모방'에서 시작된다. 부모의 언동을 자녀는 선악 구별 없이 무의식적으로 모방한다는 것을 잊지 말아야 한다. 부모가 인생 최초의 교사라는 사실을 자각해야 한다.

이처럼 2000년 들어 여러 가지 정책 문서에서 '가정교육'에 관한 구체적인 제언이 담기기 시작했으며, 급기야 2003년 3월 중앙교육심의회 보고 〈새로운 시대에 맞는 교육기본법과 교육진흥기본계획의 자세〉에서 교육기본법에 가정교육에 관한 조문條文을 담을 것을 제언하여, 2006년 12월 교육기본법에 새로운 조항이 추가되었다. 새롭게 추가된 조항은 다음과 같다.

제10조

부모 그 외의 보호자는 자녀 교육에 관해 제1의무적 책임을 가지고 있고, 생활하는 데 필요한 습관을 가르침과 동시에 자립심을 육성하고 몸과 마음이 조화롭게 발달하도록 노력해야 한다.

이어 2007년 6월 1일 교육재생회의■■는 제2차 보고 '제언 3—부모의 배움과 자녀 키우기를 응원하는 사회로'에서 "자녀들의 규범의식 함양, 일찍 자고 일찍 일어나기, 아침 식사 하기 등의 생활 습관을 학교와 가정·지역이 협력하여 가르쳐야 한다. 인사나 예절 교육, 예의범절 또한 자녀의 연령과 발달단계에 맞춰 학교와 가정이 협력하여 가르쳐야 한다"고 하여, 가정뿐만 아니라 지역·학교와의 협력을 강조하였다. 이러한 제언과 법 개정 등의 동향을 반영하여 문부과학성은 2005~2006년부터 '일찍 자고 일찍 일어나기, 아침밥 먹기' 국민운동과 '자녀와 대화하기' 전국 캠페인을 실시하였다.

신보수주의 이데올로기의 영향

1990년대 후반 이후 이처럼 '가정교육'에 대한 정책적 개입이 강해진 이유는 무엇일까? 2003년 중앙교육심의회 답신에는 다음과 같은 내용이 실려 있다.

■ 2006년 9월 출범한 1차 아베**阿部** 내각이 교육개혁을 추진하기 위해 2006년 10월 10일 내각회의 결정에 따라 설치한 기관. 아베 내각이 2007년 9월 마감되면서 2008년 1월 31일 최종 보고를 제출하고 해산하였다. 이후 후쿠다 내각에서 '교육재생간담회'로 명맥을 유지하다가, 2012년 12월 발족한 제2차 아베 내각에서 '교육재생실행회의'를 설치함으로써 실질적으로 부활되었다.

가정은 교육의 원점이자 모든 교육의 출발점이다. 부모(보호자)는 인생 최초의 교사로서 특히 풍부한 정서와 기본적인 생활 습관, 가족과 타인을 생각하는 마음, 선악 판단 등의 기본적 윤리관, 사회적 매너, 자제와 자립심을 키우는 데 중요한 역할을 담당한다. 하지만 소자녀화少子化와 부모의 생활 방식이 변화하는 가운데 과간섭過干涉, 과보호過保護, 방임放任, 아동학대가 사회문제화됨과 동시에, 부모가 모범을 보여야 하는 가정교육의 기본이 잊혀지는 등 가정교육의 기능이 저하되고 있다. 또한 아버지의 가정교육에 대한 참여가 사회 전체적으로 불충분하다.

아이의 사회성·도덕·의욕·공덕심公德心·올바른 생활 습관 습득이 저하되고 있다는 인식을 전제로 그것을 형성하는 장소로서의 가정, 형성시키는 주체로서 부모 본연의 자세를 바로잡아야 한다는 윤리 구조가 '가정교육' 강화에 쏠린 정책적 관심의 핵심임을 알 수 있다. 즉, 아동·청소년을 '사회화'시키는 주체로서 가정과 부모의 책임이 정책적으로 중요시되고 있는 것이다.

'사회화'란 인간이 집단이나 사회가 용인하는 행동 의식을 받아들임으로써 그 집단과 사회에 적응할 수 있도록 학습하는 과정을 말한다. 사회화는 기본적으로 학습이다. 각 개인은 타인과의 상호작용을 통해 행동하는 법, 생각하는 법, 감정을 표출하고 통제하는 법을 학습한다. 사회적 장소에서 이루어지는 학습 과정이 사회화인 것이다.

이러한 사회화의 주체로 가정과 부모의 역할을 강조하는 일본 교육정책 동향의 배경을 들여다보면, 1990년대 이후 일본에서 명시적으로 추진되기 시작한 신자유주의를 보완하기 위한 신보수주의 이데올로기가 깔려 있음을 확인할 수 있다.

시장 메커니즘을 통한 경쟁과 도태를 바탕으로 경제·사회 분야의 효율화를 꾀하는 신자유주의의 도입은, 불가피하게 기존의 중간 조직과 공동체를 약화시키며 개인주의와 이기주의를 조성한다. 이 같은 흐름을 억제하고 기존 사회통제와 질서를 유지하려 할 때 주로 동원되는 것이 '전통'과 규범, 도덕 등이다. 일본 정부가 가정교육을 정책적으로 강조한 것도 이런 맥락에서 이해할 수 있다.

그런데 일본의 경우는 신자유주의 강화 이전부터 공적인 제도로 해결하지 못하는 사회체제를 가정이라는 사적 영역에 전가시키는 경향이 강했다. 그 전형이 70, 80년대 융성했던 '일본형 복지사회론'이다. 이는 고령자 간병이라는 사회복지가 제공해야 할 기능을 가정에서 담당하는 것을 일본적 미풍으로 찬양하는 논의였다. 하지만 이후 고령화 사회가 급격하게 진전되면서 개별 가정이 이 문제를 해결할 수 없게 되자, 개호보험介護保險제도(노인 요양 서비스만을 전담하는 사회보험) 등을 도입하여 사회 전체가 나누어 담당하게 되었다.

앞서 지적했다시피, 1970년대 '교육 마마'에게 쏟아졌던 사회적 비

난도 입시 과열로 인해 발생한 여러 교육 문제의 원인과 해결책을
가정의 어머니들에게 떠넘기려는 처사였다.

가정교육의 또 다른 얼굴

일본 정부의 정책적 노력과 함께 현재 일본에서는 사회 전반에 걸쳐
가정교육에 대한 관심이 높아지고 있다. 이는 가정교육 방법을 설명
한 잡지 기사 · 신문 기사 · 서적의 증가를 통해서도 확인할 수 있다.

'가정'과 '교육'이란 단어가 포함된 잡지 기사와 신문 기사 수를 보
면, 1990년대 중반 이후 점차 늘어나기 시작하여 2000년대 이후 급
증한 것을 확인할 수 있다.《프레지던트 패밀리》,《에듀》등 아버
지를 위한 교육잡지 창간도 같은 맥락에서 볼 수 있다.

이런 잡지에 실린 가정교육 관련 기사 제목에는 '할 수 있다' '능력을
키운다' '머리가 좋다' '의욕' '학습' '학력' '남들보다 더 잘할 수 있다' 등
의 단어가 나열되어 있으며, 기사 내용은 주로 (넓은 의미의) 지적인 면
에서 아이의 능력 키우기, 능력 개발을 위해 부모가 해야 할 일 등이다.
이런 주제가 사람들의 관심을 끄는 내용인 것이다. '살아남기 위한 힘'
'타인을 생각하는 마음' '생활 습관' 등의 단어도 자주 등장한다.

가정교육과 관련한 정부 정책의 초점은 아이들의 생활 습관이나
도덕 · 매너 등에 집중되어 있지만, 일반 사람들의 관심은 '아이의 능

'가정'과 '교육'이란 단어가 포함된 잡지 및 신문 기사 수 추이

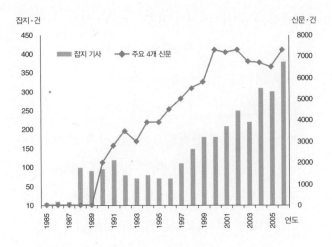

출처 : 혼다 유키, 《가정교육의 애로家庭教育の隘路》

력 키우기' '공부' '입시' '경쟁사회에서 살아남기 위한 힘' '아이가 사회에 나가 좋은 대인 관계 만들 수 있는 성격 만들기' 등 공부를 통해 얻을 수 있는 내면적 · 인격적 요소와 지적 능력 향상에 쏠려 있다.

이러한 요소가 중요시되는 배경에는, 유토리 교육과 학력 저하 논쟁을 불러일으킨 공교육 불신으로 일부 계층, 주로 자식 세대의 지위가 하락할까 봐 불안을 느끼는 계층에서 자위책으로 가정교육에 집중하는 움직임이 작용하고 있다. 그리고 이는 앞서 살펴본 경제계

'가정교육'에 관한 잡지 기사 제목

기사 제목	잡지명
일力, 가정力을 높이는 방법. 토요일 일요일은 가족과 지내는 시간, 아이 들에게 빼앗으면 안 됨. ※주5일제 재검토.	《주간다이아몬드》 2007. 7. 14
내 아이를 슈퍼 엘리트로! 관료로 키우는 법. 羽深成樹씨 자녀의 성공 체 험은 인생의 등불. 부모와 자식이 힘을 합쳐 쟁취해야 한다.	《사이타saita》 2007. 7
자녀의 가능성을 키우는 아버지力×어머니力. ※자녀의 성장에 맞는 서 포트, 마음의 케어, 예절교육, 아버지와 어머니의 역할 분담, 커뮤니케이 션을 키워 주는 기술…	《닛케이 키즈 플러스》 2007. 4
부모가 자녀를 대하는 방법에 따라 정해진다. 내 아이의 소극적인 성격 과 자신밖에 모르는 성격 ※내 아이 성향 판정 체크 시트, 성장 과정과 아이의 변화, 아이의 사회성을 키우기 위해 부모가 가져야 할 마음가짐.	《아에라 위즈 키즈》 2007. 4
잘하는 아이는 부모가 만든다! 자녀에게 '살아가는 힘'을 키워 주는 가정 의 力. 사회에 나가 활약할 수 있는 아이로 키우려면 가정에서 '타인을 생 각하는 힘'을 키워 주자!	《여성자신》 2007. 3. 13
부모 자녀 간 대화로 가정교육. 목욕탕에서 과학 공부, 부엌에서 산수 공 부, 여행 광고지로 지리 공부 …	《닛케이 키즈 플러스》 2007. 3
입시 공부로는 배울 수 없는 어른이 되어서 필요한 힘. 자녀에게 필요한 힘을 어떻게 하면 키울 수 있을까? ※커뮤니케이션 능력, 창조력, 집중력, 꿈을 가지는 힘…	《닛케이 키즈 플러스》 2007. 1
중학교 입시를 앞둔 부모의 마음가짐. 자녀를 합격시키는 10가지 칭찬말 ※불안한 마음을 가정에서 가볍게 해 주기. 마음의 여유가 중요. 부모의 영향력 등.	《선데이 매일每日臨增》 2006. 12. 17
비즈니스에 필요한 '인지력' 개발에는 가정교육이 필수 ※창조력, 커뮤니 케이션 능력, 미적 감각	《동양경제東洋経済》 2006.12.16
내 자식의 생활 습관 향상 부모力, 가정力으로 자녀를 똘똘하게! 학년별 공부 목표 수준과 부모力 체크 테스트.	《아에라 위즈 키즈》 2006. 12. 15
2007년도 전망과 대책. 입시 승리! 철저히 분석. 부모의 여유가 자녀의 능 력을 키운다. ※중학교 입시, 학력을 높이는 6개조, 성적이 오르는 학생 ·학부모의 공통점, 학습 환경 등.	《선데이 매일》 2006. 10. 14
머리 좋은 자녀로 키우는 집. 방 배치 등.	《요미우리위클리週刊読 売》 2006. 10. 01
자녀의 저력 키우기. 가정의 요령, 산수 뇌腦·국어 뇌(요약)·영어뇌(일 기)가 키워드.	《여성女性》 2006. 8. 31
학력을 키우는 힘. 공부 습관이 중요 ※머리 좋은 아이로 키우는 집 7개 조. 거실에서 함께 공부, 정성스럽게 읽어 주기, 산수를 이해할 수 있는 경험 등.	《아에라AERA》 2006. 8. 21

출처 : 혼다 유키, 《가정교육의 애로》

가 요구하는 인재상 변화와도 관련이 있다.

1980년대 이전까지 학력에 기반한 지적 능력에 치우쳤던 기업의
인재 선발 기준이 1990년대 이후 의욕과 관심, 더 나아가 대인 관계
등 내면적·인격적인 면까지 포함하기 시작했다. 즉, 공부를 통해
습득할 수 있는 지적 능력을 넘어선 내면적·인격적 특성까지 선발

공립·사립중학교 이미지 평가

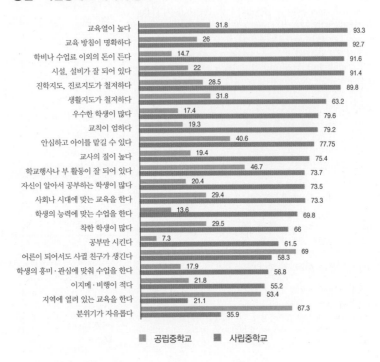

항목	공립중학교	사립중학교
교육열이 높다	31.8	93.3
교육 방침이 명확하다	26	92.7
학비나 수업료 이외의 돈이 든다	14.7	91.6
시설, 설비가 잘 되어 있다	22	91.4
진학지도, 진로지도가 철저하다	28.5	89.8
생활지도가 철저하다	31.8	63.2
우수한 학생이 많다	17.4	79.6
교칙이 엄하다	19.3	79.2
안심하고 아이를 맡길 수 있다	40.6	77.75
교사의 질이 높다	19.4	75.4
학교행사나 부 활동이 잘 되어 있다	46.7	73.7
자신이 알아서 공부하는 학생이 많다	20.4	73.5
사회나 시대에 맞는 교육을 한다	29.4	73.3
학생의 능력에 맞는 수업을 한다	13.6	69.8
착한 학생이 많다	29.5	66
공부만 시킨다	7.3	61.5
어른이 되어서도 사귈 친구가 생긴다	69	58.3
학생의 흥미·관심에 맞춰 수업을 한다	17.9	56.8
이지메·비행이 적다	21.8	55.2
지역에 열려 있는 교육을 한다	21.1	53.4
분위기가 자유롭다	67.3	35.9

■ 공립중학교　■ 사립중학교

출처 : 코아네트교육종합연구소, 《중학교 교육에 관한 보호자의 의식 앙케이트》

의 중요한 요소가 된 것이다.

일본 기업에서는 지식과 함께 풍부한 경험, 높은 커뮤니케이션 능력, 구상력과 결단력, 폭넓은 교양, 높은 윤리관과 책임감 등 '살아가는 힘'을 중시하고 있다. 이러한 힘은 학교 공부만으로는 갖출 수 없다. 공부만 열심히 시켜 좋은 대학에 들어간다고 되는 것이 아니라, 많은 경험을 통해 창조성과 사고력을 키우고 좋은 대인 관계를 만들 수 있는 커뮤니케이션 능력에도 신경을 써야 한다.

일본의 부모들이 어릴 때부터 가정교육에 힘을 기울이고, 아이들의 능력과 흥미에 맞춰 학습을 지도하고 생활지도까지 해 준다는 사립학교 입시에 관심을 갖는 것도 바로 이런 이유 때문이다. 학교는 아이들이 가장 많은 시간을 보내는 장소이므로, 가정교육 방침과 맞는 학교를 찾으려고 많은 부모들이 중학교 입시를 생각하는 것이다. 그 바탕에는 사립학교가 현재 일본 사회가 원하는 인재를 육성하는 데 적합한 교육을 한다는 인식이 깔려 있다.

보론

교육격차 教育格差

> " 부모의 소득(계층)에 따라 자녀의 학력이 결정된
> 다는 의식이 확대될수록 아예 자녀 교육을 포기
> 하는 이들이 많아진다. 고졸이나 블루칼라 종사
> 자들은 자식에게 되도록 높은 교육을 시키고 싶
> 다는 의식이 낮고, 대졸이나 화이트칼라 직업을
> 가진 사람은 자식에게 높은 교육을 시키겠다는
> 의지가 강하다. "

2000년대 들어 일본에서는 출신 계층, 즉 어떤 가정에서 태어났는지가 학력과 장래 인생에 큰 영향을 미치는 중요한 요인이 되고 있다는 문제의식이 커지면서 '교육격차' '학력 격차'를 다루는 연구가 증가하고 있다. 구체적으로 어머니의 교육 태도, 부모의 소득수준, 부모의 학력 등이 자녀의 학력과 이후 계층 형성에 어떠한 영향을 미치는지 살펴보자.

어머니의 교육 태도

교육학자 혼다 유키本田由紀의 연구에 따르면, 일본에서는 아버지(남편)의 출신 계층이 자녀의 교육 의욕뿐만 아니라 어머니(아내)의 교육 태도까지 결정하는 중요한 요인이다. 어머니의 교육 태도는 어머니 자신이 속한 계층보다 아버지(남편) 계층의 영향을 더 크게 받아서, 남편이 학력이 높고 사회적으로 높은 지위의 직업을 가지고 있으며 수입이 많은 가정의 전업주부가 자녀에 대한 교육 기대가 가장 크다.

또한 초등학생과 중학생 자녀를 둔 어머니의 경우, 시간적·문화적 자원이 풍부한 고학력 여성(어머니)일수록 자녀 공부에 적극적인데, 어머니가 같은 조건임에도 남편의 학력이 고졸 이하인 경우에는 자녀 교육에 그다지 적극적이지 않은 것으로 나타났다. 즉, 아버지(남편)가 높은 학력과 직업을 갖고 있으면 수입이 많으므로 어머니(아내)가 자녀 교육에 좀 더 적극적이 되고, 어머니가 교육에 적극적이므로 자녀의 학교 성적이 좋아 높은 수준의 학교에 갈 수 있는 체계가 만들어지는 것이다.

그리고 높은 계층의 어머니일수록 자녀 공부와 성적, 생활 습관에 관심이 많으며 자녀의 자유와 주장을 존중해 주고 다양한 체험을 적극적으로 권한다. 쥬쿠에 보내는 시간이나 가정에서의 학습 시간 역시 어머니의 학력이 높을수록 많은 경향을 보인다. 다만 쥬쿠가 아닌 음악·주산·서도 등의 학원 교육, 독서·오락 등의 생활 습관 교육은 어머니의 학력에 따른 차이가 완만한 편이다. 이런 교육은 거의 대부분의 어머니들이 열심히 배려한다고 볼 수 있다.

교육 방침과 아이에게 기대하는 장래상을 보면, 고학력 어머니는 아이에게 가능한 한 많은 경험을 시키고 아이의 가능성을 최대한 키워 주려 하며, 공중도덕과 말투 등을 중시하고 장차 주체성과 전문성을 가질 수 있는 사람이 되길 원하고 기대하는 경향이 있다. 그에 비해 학력이 높지 않은 어머니는, 주위 사람과의 인간관계를 잘 유지하는 것과 타인에 대한 배려를 중요시하며, 남과 비슷한 정도로 자립하여 '보통' 어른이 되면 그것으로 만족하는 경향을 보인다.

부모의 소득 격차와 자녀의 학력 격차

고소득 가정의 아이들이 모두 공부를 잘하는 것은 아니지만, '고소득 가정의 자녀일수록 공부를 잘한다'는 의식은 점점 더 강화되고 있다. 2006년 '일본의 교육을 생각하는 10인위원회' 조사에 따르면, 많은 사람들이 실제로 학력의 양극화가 진행되고 있다고 생각하며 (63.6퍼센트), 그 원인이 소득 격차에 있다고 생각하는 것으로 나타났다.(66.4퍼센트)

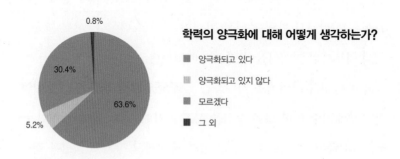

학력의 양극화에 대해 어떻게 생각하는가?

■ 양극화되고 있다
■ 양극화되고 있지 않다
■ 모르겠다
■ 그 외

0.8%
30.4%
63.6%
5.2%

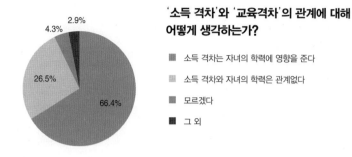

'소득 격차'와 '교육격차'의 관계에 대해 어떻게 생각하는가?

- ■ 소득 격차는 자녀의 학력에 영향을 준다
- ■ 소득 격차와 자녀의 학력은 관계없다
- ■ 모르겠다
- ■ 그 외

2.9%
4.3%
26.5%
66.4%

출처 : 일본의 교육을 생각하는 10인위원회日本の教育を考える10人委員会, 〈의무교육에 관한 국민 앙케이트 조사義務教育に関する国民アンケート調査〉, 2006년

　부모의 소득(계층)에 따라 자녀의 학력이 결정된다는 의식이 확대될수록 아예 자녀 교육을 포기하는 이들이 많아진다. 고졸이나 블루칼라 종사자들은 자식에게 되도록 높은 교육을 시키고 싶다는 의식이 낮고, 대졸이나 화이트칼라 직업을 가진 사람은 자식에게 높은 교육을 시키겠다는 의지가 강하다.

　'소득 격차가 학력에 영향을 준다'는 의식이 가장 강한 부류는, '자녀를 중학교까지 보내겠다'는 부모와 '대학원까지 보내겠다'는 부모로 나타났다. 소득이 낮은 부모는 자신이 아이를 공부 시킬 능력이 없으므로 아이가 공부를 잘할 가능성도 적다고 보고 중학교까지만 보내려고 하고, 소득이 높은 부모는 경제적인 여유가 있는 만큼 교육에 투자를 많이 하겠다고 생각하는 것이다.

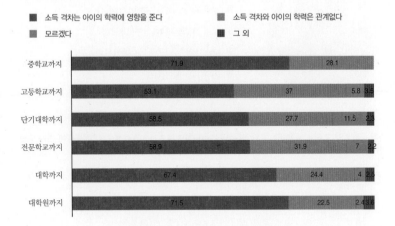

소득 격차와 학력 격차의 관계에 대한 부모의 의식
(자녀에게 시키고 싶은 최종 학력별)

■ 소득 격차는 아이의 학력에 영향을 준다   ■ 소득 격차와 아이의 학력은 관계없다
■ 모르겠다   ■ 그 외

중학교까지	71.9	28.1	
고등학교까지	53.1	37	5.8 3.5
단기대학까지	58.5	27.7	11.5 2.3
전문학교까지	58.9	31.9	7 2.2
대학까지	67.4	24.4	4 2.5
대학원까지	71.5	22.5	2.4 3.6

출처 : 《교육 앙케이트 조사 연감教育アンケート調査年鑑》, 2007년

부모의 계층별 교육 의식

2008년《다이아몬드》지에서 부모의 계층에 따른 자녀의 교육 의식
을 조사한 결과도 흥미롭다. 이 조사에서는 부모의 계층을 다음 세
부류로 나누었다.

    상속 부자 : 부모에게 재산을 상속받거나 증여받은 경우. 최종 학

력은 대졸 이상이 많다.

신흥 부자 : 부모에게 재산을 상속받거나 증여를 받지 않은 경우.
최종 학력은 대졸 이상이 많다.

가난한 아버지 : 세대주의 연봉이 400만 엔 이하의 아버지. 최종 학
력은 고졸이 많다.

우선 자녀에게 원하는 학력을 보면, 가난한 아버지의 3분의 1 이상
이 '특별한 학력을 원하지 않는다'고 답변한 데 비해, 부자들은 상당
수가 대학원까지의 학력을 원했다. 그중에서도 신흥 부자층은 국내
가 아닌 외국 대학원 학력을 원한다는 답변이 많았다. 이들은 당연
히 그에 맞는 교육비를 투자할 각오가 되어 있다고 볼 수 있다.

교육비 지출에 대해서는 부자 아버지의 경우 '교육비는 아끼지 않
을 것'이라는 대답이 압도적이다. 가난한 아버지는 '남에게 폐를 끼
치지 않으면 성적은 그다지 신경 쓰지 않는다' '진로는 본인의 희망
이 최우선이다' 등의 답변이 두드러진다.

▌ 《다이아몬드》에서 실시한 원래 조사에서는 '세대 연봉 200만 엔 이하의 파트타임,
아르바이트, 파견사원'에 해당하는 '비정규 고용' 계층을 포함하여 네 부류로 계층을
나누었다. 비정규 고용의 경우 부부가 함께 일하는 경우도 있어서 반드시 저소득=
빈곤 생활이라고 볼 수 없으나, 이 조사에서는 세대 수입을 기준으로 분류했다.

자녀에게 원하는 학력

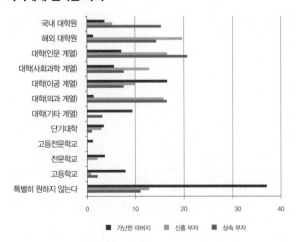

국내 대학원
해외 대학원
대학(인문 계열)
대학(사회과학 계열)
대학(이공 계열)
대학(의과 계열)
대학(기타 계열)
단기대학
고등전문학교
전문학교
고등학교
특별히 원하지 않는다

■ 가난한 아버지　■ 신흥 부자　■ 상속 부자

교육비는 아끼지 않을 것이다

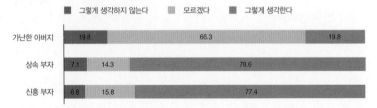

■ 그렇게 생각하지 않는다　■ 모르겠다　■ 그렇게 생각한다

	그렇게 생각하지 않는다	모르겠다	그렇게 생각한다
가난한 아버지	19.8	66.3	19.8
상속 부자	7.1	14.3	78.6
신흥 부자	6.8	15.8	77.4

남에게 폐를 끼치지 않으면 성적은 그다지 신경 쓰지 않는다

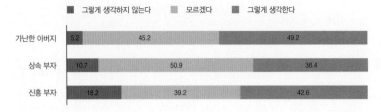

■ 그렇게 생각하지 않는다　■ 모르겠다　■ 그렇게 생각한다

	그렇게 생각하지 않는다	모르겠다	그렇게 생각한다
가난한 아버지	5.2	45.2	49.2
상속 부자	10.7	50.9	38.4
신흥 부자	18.2	39.2	42.6

출처 : 《다이아몬드》 2008년 8월 30일

아버지의 학력과 자녀의 수입

아버지의 학력과 자녀 수입의 상관관계를 보여 주는 통계도 있다. 2005년 일본 사회의 불평등 정도를 알아보고자 실시한 전국조사SSM 결과, '출신 계층에 따라 기회의 불평등이 발생'하는 '격차 세습'이 존재한다는 것이 드러났다. 본인의 학력과 연봉이 일치하는 것은 예상 가능한 일이지만, 아버지의 학력 등 가정 조건이 자녀의 경제 상태로 연결된다는 것은 다소 충격적인 결과였다.

아버지 학력에 따른 40~59세 남성의 수입(아버지 학력별)

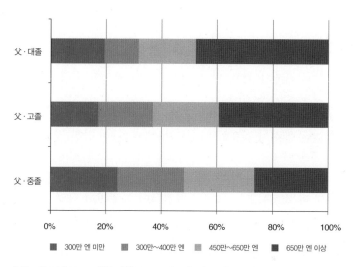

출처 : 2005년 SSM 조사를 바탕으로 도쿄대 교수 사토 토시키左藤俊樹 작성, 《다이아몬드》 2008년 8월 30일

보론 _ 교육격차敎育格差

전후, 특히 고도성장기 때는 부모가 자신의 학력이 낮고 수입이
낮아서 내 자식만은 공부시켜 높은 계층으로 올라가게 만들려는 의
식이 강했다. 격차를 역전시킬 수 있는 방법이 바로 교육이었다. 이
렇게 가난한 가정의 자녀라도 좋은 교육을 받으면 좋은 직장을 구할
수 있고 높은 수입을 올릴 수 있다는 믿음이 있었다.

그런데 츄오대中央大 야마다 마사히로山田昌弘 교수의 진단대로
"1999년까지는 수입이 높고 낮음과 관계없이 모든 부모가 자녀에게
공부를 시켰지만, 1999년 이후 수입이 낮은 부모는 자녀 교육 의욕
이 저하되었고 노력해도 안 된다는 생각을 하게 되었다."

사립/공립 진학 희망 학부모의 인식 차이

2004년 중학교 교육에 관한 학부모의 의식을 조사한 결과, 자녀를
사립학교에 진학시키는 부모일수록 자녀가 대학에 꼭 가야 하며 장
래를 위해 높은 학력이 필요하다고 생각하는 경향이 강한 것으로 나
타났다.

그에 비해 공립학교에 아이를 진학시키려는 부모는 자녀가 공부
하기 싫어하면 무리해서 공부시키기보다는 고등학교를 졸업한 뒤
본인이 관심 있는 전문 분야를 공부할 수 있는 학교에 가서 기술을
배우는 것이 좋다고 생각하는 경향이 강하다.

진로와 학력에 대한 의견

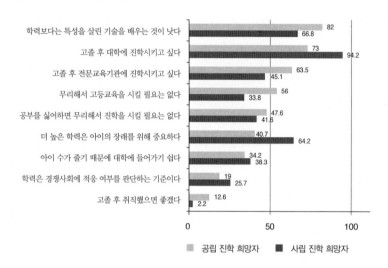

학력보다는 특성을 살린 기술을 배우는 것이 낫다
82
66.8

고졸 후 대학에 진학시키고 싶다
73
94.2

고졸 후 전문교육기관에 진학시키고 싶다
63.5
45.1

무리해서 고등교육을 시킬 필요는 없다
56
33.8

공부를 싫어하면 무리해서 진학을 시킬 필요는 없다
47.6
41.6

더 높은 학력은 아이의 장래를 위해 중요하다
40.7
64.2

아이 수가 줄기 때문에 대학에 들어가기 쉽다
34.2
38.3

학력은 경쟁사회에 적응 여부를 판단하는 기준이다
19
25.7

고졸 후 취직했으면 좋겠다
12.6
2.2

■ 공립 진학 희망자   ■ 사립 진학 희망자

교육에 대한 적극성·관여 정도

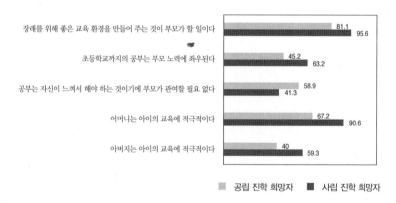

장래를 위해 좋은 교육 환경을 만들어 주는 것이 부모가 할 일이다
81.1
95.6

초등학교까지의 공부는 부모 노력에 좌우된다
45.2
63.2

공부는 자신이 느껴서 해야 하는 것이기에 부모가 관여할 필요 없다
58.9
41.3

어머니는 아이의 교육에 적극적이다
67.2
90.6

아버지는 아이의 교육에 적극적이다
40
59.3

■ 공립 진학 희망자   ■ 사립 진학 희망자

출처 : 코아네트교육종합연구소コアネット教育総合研究所, 〈중학교 교육에 관한 보호자의 의식 조사 中学校における教育に関する保護者の意識アンケート〉, 2004년

보론 _ 교육격차教育格差

또한 자녀를 사립학교에 보내려는 부모일수록 자식이 공부를 잘하고 못하고는 부모 책임이란 의식이 강하고, 어머니뿐만 아니라 아버지도 자녀 교육에 적극적으로 참여하고 있다.

사립/공립의 교육비 격차

사립학교와 공립학교는 학습비 차이가 크다. 학습비에는 학교교육비(수업료·기부금·통학료·교복 등), 학교급식비, 학교 외 활동비(학습 쥬큐비, 가정교사비, 가정 내 교육비 등의 보조학습비, 예술 문화 활동 등)가 모두 포함된다.

2006년 문부과학성에서 조사한 학습비 총액을 비교해 보면, 모든 교육 단계에서 사립학교는 공립학교보다 2배 이상의 비용이 든다. 그리고 유치원부터 고등학교까지 모두 공립학교를 보낸 경우와 사립학교를 보낸 경우를 비교해 보면, 전자가 약 517만 엔, 후자는 약 1,678만 엔으로 3배 이상 차이가 난다.

공립학교와 사립학교 교육비 격차가 이렇게 크다 보니 자연히 소득 격차가 교육격차로 이어진다. 연간 수입별 학습비 총액을 보면 한눈에 연간 수입이 많은 가정일수록 학습비 총액이 많다는 것을 알 수 있다. 그리고 모든 단계에서 자녀를 사립학교에 보내고 있는 가정이 자녀 학습에 더 많이 투자하고 있다는 것을 알 수 있다.

학교별 자녀의 학습비 총액

	유치원		초등학교		중학교		고등학교	
	공립	사립	공립	사립	공립	사립	공립	사립
학습비 총액	25.1	53.8	33.4	137.3	42.2	126.9	52.1	104.5
학교교육비	13.3	36.8	5.7	78.0	13.3	95.8	34.4	78.5
학교급식비	1.4	2.5	4.1	3.1	3.7	0.7	—	—
학교 외 활동비	10.4	14.5	23.7	56.2	30.2	30.4	17.7	26.0

세대의 연간 수입별 학습비 총액

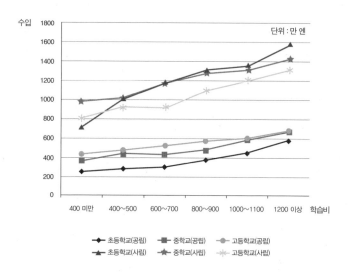

출처 : 문부과학성, 〈자녀의 학습비 조사〉, 2006년

소득이 적은 가정에서는 공립학교 교육에 만족하고, 소득이 높은 가정에서는 비싼 교육비를 부담하여 사립학교에 보낸다. 이러니 사립학교를 보내지 못하면 흔히 말하는 일류 대학에 들어가지 못한다는 우려가 사람들 사이에 생겨났다.

소득이 많은 부모일수록 자녀에게 높은 교육을 시키려 한다는 것은, 고소득 부모일수록 부담하는 교육비가 더 많다는 것을 의미한다. 모든 가정에서 교육비 부담을 크게 느끼지만, 특히 수입이 많은

가정 소득과 자녀의 교육비 부담

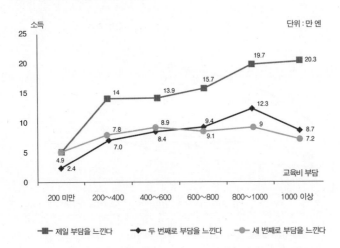

출처 : 어린이미래재단 こども未来財団, 〈육아 가정의 경제 상황에 관한 연구조사子育て家庭の経済状況に関する研究調査〉, 2006년 2월

부모일수록 교육에 많이 투자하고 그로 인해 가정생활에서 교육비 부담감은 커진다.

부모의 계층과 자녀의 학습 의욕

자녀의 교육 수준이 소득 등의 경제적인 요소뿐만 아니라 부모의 계층에 따른 문화와 인생관에 따라서도 차이가 생긴다는 연구 결과도 있다. 1979년과 1997년의 고등학생을 대상으로 부모의 계층이 자녀의 학습 의욕과 학습 시간에 어떠한 영향을 주는지를 분석한 결과를 보자.

'낙제하지 않을 정도의 성적이면 괜찮다'고 답한 고등학생의 비율을 어머니의 학력별로 보면 1979년에는 '고등학생의 의욕'이 어머니의 학력과 거의 관계가 없었으나, 1997년에는 어머니의 학력이 낮을수록 학업 달성에 대한 향상심向上心도 낮아진다.

또한 부모의 계층과 자녀의 학습 시간 관계를 분석한 결과, 학습 시간은 1979년부터 1997년에 걸쳐 모든 계층이 감소하고 있으나, 부모의 계층에 따라 그 감소 폭이 다르게 나타났다. 부모의 학력과 사회경제적 지위가 높을수록 자녀의 학습 시간도 길게 나타난 것이다.

아이들의 학습 의욕과 흥미 · 관심은 사회 전체적으로 떨어지고 있으나, 여기에도 부모의 계층에 따른 격차가 존재하는 것이다.

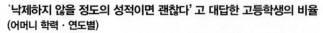

'낙제하지 않을 정도의 성적이면 괜찮다'고 대답한 고등학생의 비율
(어머니 학력 · 연도별)

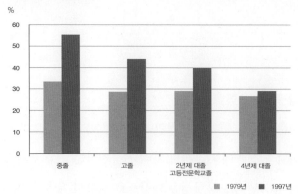

출처 : 가리야 타케히코苅谷剛彦,《계층화 일본과 교육 위기階層化日本と教育危機》

　　또한 부모의 학력이 높고, 아버지의 직업이 전문직 · 관리직이고,
부모(아버지)의 수입이 많은 자녀가 '학교 공부가 쉽다'고 답하는 경
향이 많고, 학년이 올라갈수록 그러한 경향이 높아진다는 연구 결과
도 있다.

한국과 일본의 교육 의욕 비교

부모의 계층이 자녀의 교육 의욕에 어떤 영향을 주는지 한국과 일본
의 경우를 비교해 보자. 한국과 일본의 고등학교 3학년을 대상으로

가정 배경, 즉 출신 계층과 고등학생의 진로 간의 상관관계를 확인해 보았다. '교육 의욕Aspiration'은 최종적으로 도달하고 싶은 학력 수준을 교육 연수로 계산하여 수치화한 것이다.

아버지 직업별 · 학생 성별 교육 의욕 변화

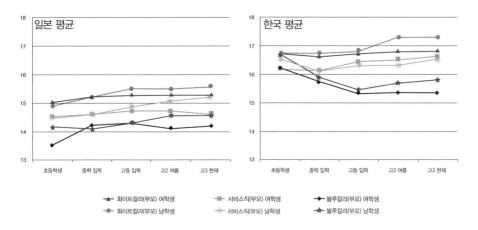

출처 : 나카무라 타카야스中村高康 · 후지타 타게시藤田武志 · 아리타 신有田伸編著, 《학력 · 선발 · 학교의 비교사회학学歷 · 選抜 · 学校の比較社会学》

아버지의 직업별 · 학생 성별性別에 따라 조사 대상인 고등학교 3학년 학생의 교육 의욕이 초등학생 때부터 어떻게 변화해 왔는지를 비교해 보았다. 왼쪽이 일본, 오른쪽이 한국인데 한눈에 봐도 그래

프의 형태가 전혀 다르다는 것을 알 수 있다.

일본의 경우 초등학생 때부터 출신 계층(아버지 직업)에 따라 교육 의욕이 차이가 나고, 시간이 지나면서 평행 이동 형태로 전체적으로 조금씩 상승하고 있다. 그에 비해 한국은 초등학생 지점에서는 교육 의욕이 일본보다 상당히 높은 수준에서 계층에 상관없이 집중되어 있지만, 학년이 올라가면서 계층 간 차이가 확대된다. 일본에서는 처음부터 출신 계층에 따라 자녀의 교육 의욕이 다르고, 그 격차는 교육 시스템의 영향을 거의 받지 않고 유지된다. 하지만 한국에서는 처음에는 모든 계층의 자녀가 높은 교육 의욕을 가지고 있으나, 교육 시스템 속에서 시간이 경과하면서 낮은 계층 출신의 자녀는 '냉각'되고, 높은 계층 출신의 자녀의 경우는 '가열'되어, 고등학교 3학년 지점에서는 큰 계층 간 격차가 생긴다.

한·일 부모의 교육 태도와 자녀의 경쟁의식 비교

부모의 교육 태도가 자녀의 경쟁의식에 미치는 영향도 한·일 간에 차이점이 나타났다. 중학교 3학년의 경쟁의식('고등학교 진학은 같은 학교 친구와의 경쟁이라고 생각한다')과, 부모(보호자)의 공부 압력('보호자가 공부하라고 자주 말한다')의 관계를 비교한 결과는 다음과 같다.

일본의 경우 부모의 공부 압력이 중학생의 경쟁의식에 거의 영향

경쟁의식과 보호자의 공부 압력의 관계

구분		보호자의 공부 압력	
		있다	없다
일본	입시는 경쟁이다 긍정	22.9%	18.9%
한국	입시는 경쟁이다 긍정	40.7%	29.4%

출처 : 나카무라 타카야스 · 후지타 타게시 · 아리타 신, 《학력 · 선발 · 학교의 비
교사회학》

을 주지 않는 반면, 한국의 경우는 부모에게 공부 압력을 받은 학생
은 압력을 받지 않은 학생에 비해 경쟁의식이 높다. 즉, 한국은 부모
의 공부 압력에 자녀가 호응하는 '가족 전체의 경쟁' 양상을 보이는
반면, 일본은 그러한 영향 관계는 보이지 않는다. 말하자면, 일본은
부모가 아무리 떠들어도 자녀에게는 '소 귀에 경 읽기'인 셈이다.

물론 그렇다고 해서 일본에서 부모의 존재가 자녀의 의식과 전
혀 관계가 없는 것은 아니다. 일본에서는 출신 계층(아버지의 학력)
이 자녀의 경쟁의식에 직접적인 영향을 끼치나, 한국에서는 그러한
인과관계는 보이지 않고 본인의 교육 의욕이 경쟁의식을 규정한다.
즉, 일본의 경우는 자녀에게 '공부하라'고 압박하는 부모의 구체적인
행동은 그다지 큰 영향을 주지 않고, 그보다는 가정생활 전체에서
드러나는 부모의 계층적인 특성을 통해 자녀들이 자연스럽게 영향

을 받게 된다.

곧, 자녀의 경쟁의식은 일본의 경우 출신 계층(아버지)이 영향을
끼치고, 한국의 경우는 부모의 공부 압력이 영향을 끼친다고 볼 수
있다.

너무 닮아서 외면하고 싶은

풍경 1

2006년 일본 문부과학성이 초등학교 4학년부터 중학교 3학년 자녀를 둔 부모에게 현재 일본 교육의 문제는 무엇이라고 생각하는지 물었다. 이 질문에 '입시 경쟁'이라고 답한 사람은 20.2퍼센트뿐이었다. 예절 교육 등의 가정교육이 안 되어 있는 게 가장 큰 문제라는 답이 59.9퍼센트, 지역사회에서 아이들이 안전하게 생활할 수 없는 환경이 문제라는 답이 58.3퍼센트였다.

풍경 2

2006년 출퇴근 시간 복잡한 전철 안에서 온 가족이 행복하게 웃고 있는 사진을 내세운 잡지 광고가 사람들의 눈길을 끌었다. '아버지를 위한 교육잡지'를 표방한 《프레지던트 패밀리》 창간호 광고였다. 행복하게 웃고 있는 가족사진 위에는 '공부 잘하는 아이의 부모

얼굴'이라는 광고 문구가 큼지막하게 씌어 있다.《프레지던트 패밀리》창간호는 특집 기사로 유명 중학교 입시에 합격한 가정의 성공 비결을 다루었다.

두 가지 풍경은 2000년대 이후 일본 교육의 모습을 상징적으로 보여 준다. 일본 교육의 문제로 극심한 입시 경쟁을 꼽은 사람이 20퍼센트 정도에 머물렀다는 것은, 사회 전체적으로 대학을 반드시 나와야 한다는 '학력 의식'이 많이 약화되었음을 보여 준다.

실제로 현재 일본은 학생 수보다 대학 입학 정원이 많아서, 40퍼센트의 대학교가 입학생이 모자라는 실정이다. 학교 '수준'을 따지지 않는다면 거의 모든 학생이 대학 졸업 간판을 딸 수 있는데도, 일본의 4년제 대학 입학률은 50퍼센트 전후에 그친다.

특히 자녀를 공립학교에 보내려고 생각하는 부모들은, 무리해서 대학에 보내기보다는 아이의 개성과 특성을 살려서 기술을 익히게 하고 싶다는 사람이 많다. 학부모들이 '대학 4년 동안의 학비를 취업 효과와 비교했을때 그만 한 가치가 있을까?'는 의문을 품기 시작하면서, '일류 대학'이 아니라면 '대졸'이라는 간판보다는 기술이나 기능을 배울 수 있는 전문학교에 가는 편이 더 현실적이라고 여기게 된 것이다. 이렇게 일본 학부모와 학생들 사이에서 대학은 점점 하나의 '선택'이 되어 가고 있다.

하지만 전체 학부모가 아니라 '중학교 입시'를 준비하고 있는 가정들만을 대상으로 하면 조금 다른 양상이 나타난다. '입시 경쟁'이 너무 심하다고 답변한 사람이 전체 학부모를 대상으로 물었을 때보다 훨씬 많았다.

이는 당연한 결과다. '중학교 입시'를 준비하는 가정의 부모와 자녀들은 '스스로' 입시 경쟁을 선택했기 때문이다. 그러한 환경 속에 있는 사람들은 '학력 의식'도 강하다. 그리고 바로 이 부류에 속하는 사람들이 '아버지를 위한 교육잡지'를 열심히 사서 읽는다.

스스로 입시 경쟁의 길을 선택한 가정, 곧 '중학교 입시'를 준비하는 일본 가정은 얼마나 될까? 2007년 기준 '중학교 입시율'은 전국적으로 7퍼센트, 수도권은 20퍼센트가 좀 넘는 정도다.(2007년 18.9퍼센트, 2008년 20.6퍼센트) 도쿄 도만 놓고 봤을 때 입시율이 가장 높은 분쿄 구文京区가 36.7퍼센트, 가장 낮은 에도가와 구江戶川区가 9.9퍼센트로 편차가 심한 편이다.

이처럼 현재 일본은 교육열이 높은 가정과 그렇지 않은 가정으로 이분화되고 있다. 물론 교육열이 높지 않다고 해서 자녀 교육을 포기했다는 의미는 아니다. 단지 입시 경쟁을 선택하지 않았을 뿐이다.

* * *

　우리는 일본의 학부모와 학생들이 어떤 과정을 거쳐 현재에 이르게 되었는지를, 지난 100년간 일본의 교육 상황과 부모들의 교육 의식 변화 과정을 통해 확인하였다. 일본 근대 교육 100년사史를 한 마디로 요약하면 '교육 마마에서 슈퍼맨 파파로'라고 할 수 있다.

　'교육 마마'는 일본에서 본격적인 학력시대가 열리면서 '대학 문이 곧 취업의 입구'였던 시대, 대학 진학이 확실한 취업처를 마련해 주는 보증수표였던 시대, '유명 대학→일류 기업→행복한 인생'이란 공식이 통용되던 시대를 상징한다.

　좋은 대학에 가는 것이 장래의 행복을 보장받는 길이라고 대부분의 사람들이 생각했던 시대, 부모들의 최종 목표는 아이가 사회에서 인정받는 좋은 대학에 들어가는 것이었다. 입시 경쟁이 점점 과열되면서 무거운 가방을 메고 밤늦게까지 쥬쿠를 전전하며 '입시 노이로제'와 '공부 스트레스'로 고통받는 아이들이 늘어나고, 학교에서는 수업을 따라가지 못하는 '오치 코보래' 문제로 골머리를 앓았다. 그리고 1980년대 들어 일본 사회는 걷잡을 수 없이 터지는 아이들의 일탈로 홍역을 앓는다. 이지메, 초등학교의 학급붕괴, 중학생들의 학교폭력, 부등교…….

　이전의 상식으로는 전혀 예측할 수도, 이해할 수도 없는 아이들

문제가 터져나오면서 당황한 일본 사회는 비난의 화살을 일부 극성 맞은 어머니들, 즉 교육 마마에게 돌렸다. 학교 문제·가정 문제 등 아이들과 관련된 문제는 모두 교육 마마 탓이 되어 버렸다.

하지만 교육 마마를 탓하고 비난한다고 해서 아이들 문제가 해결되는 것은 아니었다. 교육 마마는 단순히 어머니들의 이기심과 욕심에서 비롯된 일부만의 현상이 아니라, 그 자체로 일본의 사회구조와 교육 시스템이 안고 있는 모순과 욕망의 집결체 같은 것이었기 때문이다.

뾰족한 해법을 찾지 못해 고민하던 일본 교육 당국은 '유토리 교육'이라는 융통성(유토리→유도리) 있는 공교육 시스템을 마련하여 아이들의 숨통을 틔워 주려 했다. 과도한 입시 경쟁의 압박을 덜어 주고자 초등학교 단계에서부터 교육과정을 개편하였다. 하지만 '유토리 교육'은 성과를 거두지 못한 채 '학력 저하' 논란에 휩싸였고, 2011년도부터 일본의 교육정책은 '탈脫유토리'로 다시 노선을 바꾸었다.

일본 교육 당국이 '유토리'와 '탈유토리' 사이에서 갈팡질팡하는 사이, 일본 부모들 사이에서 새로운 대안으로 등장한 것이 '중학교 입시'와 '슈퍼맨 파파'다.

'슈퍼맨 파파'는 '교육 마마'와 다르다. 슈퍼맨 파파는 경제력으로 교육을 뒷받침해 주는 것은 물론, 자녀의 공부와 정서, 인성교육까지 세심하게 보살핀다. 단순히 유명 사립학교에 들어가기 위한 수단으로서의 입시가 아니라, 입시 준비를 하는 과정process 그 자체에 의미를 두고 공부뿐만 아니라 인성 교육 · 커뮤니케이션 능력 향상 · 독창성과 주체성 키우기 등 2000년 이후 일본 사회가 원하는 인재로 키우기 위해 모든 면에 신경을 쓰는 새로운 아버지들이 등장한 것이다.

일본 교육 당국과 부모들이 선택한 '탈유토리'와 '슈퍼맨 파파'는 일본 사회가 필요로 하는 미래 지향적 인재 양성이라는 과제를 효율적으로 수행할 수 있을까? 아이들의 폭력과 일탈로 붕괴되어 가는 교육 현장의 문제를 해결하는 대안이 될 수 있을까?

* * *

현재 한국의 대학 입시를 둘러싼 뜨거운 경쟁과 교육열은 1970년대 일본 사회를 지배했던 대학 입시 경쟁을 방불케 한다. 한국 신문과 방송 뉴스에 심심치 않게 등장하는 학생들의 성적 비관 자살과 왕따 문제 · 교권 하락에 대한 우려 등은, 30년 전 일본 사회를 뒤흔들었던 '오치 코보래' '이지메' '부등교' '학급붕괴' 등의 문제와 놀랄 만큼 유사하다.

얼마 전 한국에서 교육감 선거와 맞물리면서 정치 쟁점으로까지 부각되었던 '학생인권조례'를 둘러싼 논쟁은 '빡빡머리 교칙재판'을 떠올리게 하며, 학력 저하 우려와 공교육 불신으로 사립학교 입시에 달려드는 일본 학부모들의 모습은 자사고·특목고 입시에 매달리는 한국 학부모들을 연상케 한다.

장래 꿈이 무엇인지 물었더니 '샐러리맨이 되고 싶다'고 대답했다는 초등학생, 일류 대학을 가기 위해 열심히 공부는 하지만 정작 자신이 원하는 삶이 무엇인지 모르고 특별히 하고 싶은 공부도 없다는 중학생, 장래 꿈이 일류 기업에 취직하는 것이라고 말하는 고등학생······. 일본과 한국의 아이들은 이렇게 닮았다.

그렇다면 한국의 교육 당국과 학부모들은 어떨까? 한국의 부모들은 일본의 부모들과 얼마나 다를까? 한국의 부모들도 일본처럼 '공부 잘하는 아이의 부모 되기'라는 단 하나의 목표를 향해 달려왔고 또 달려가고 있는 건 아닐까?

말로는 핀란드식 교육으로 대표되는 유럽 선진국의 전인적인 교육법을 찬양하면서, 실제로는 대학 입시라는 치열한 경쟁 속으로 아이들의 등을 떠미는 모순된 현실. 2020년이면 한국도 대학 정원의 30퍼센트가 미달될 것이라고 한다. 지금 한국의 교육이 다시 선 출발점이다.

新井肇, 《〈教師〉崩壊》, すずさわ書店, 1999.

梅景優子, 〈新しい家庭教育誌を読む〉, 《教育》, 2007.

鎌田勲(日本経済新聞記者), 《月給取白書》, 光和堂, 1959.

天野正子, 〈第一次世界大戦後における女子高等教育の社会的機能〉, 《教育社
　　会学研究》, 第33集, 1978.

天野郁夫, 《学歴の社会史—教育と日本の近代》, 新潮社, 1992.

天野郁夫, 《学歴主義の社会史—丹波篠山にみる近代教育と生活世界》, 有信堂,
　　1991.

有田伸, 《韓国の教育と階層社会》, 東京大学出版, 2006.

乾彰夫, 《日本の教育と企業社会》, 大月書店, 1990.

岩脇千裕, 〈高度成長期以降の大学新卒者採用における望ましい人材像の変容〉,
　　日本社会学会第77回学会発表配布資料, 2004.

岩瀬彰, 《《月給百円》サラリーマン》, 講談社, 2006.

市川伸一, 《学力低下論争》, 筑摩書房, 2002.

内田星美, 〈技術移転〉, 《日本経済史4　産業化の時代(上)》(西川俊　作·阿部武
　　司　偏), 岩波書店, 1990.

植上一希, 〈専門学校生の進学·学び·卒後〉, 《ノンエリート青年の社会空間》
　　(中西新太郎·高山智樹), 大月書店, 2009.

江澤和雄, 〈不登校問題から見た義務教育の当面する課題〉, 《レファレンス》,
　　2006. 7.

岡田知弘, 〈重化学工業化と都市拡張〉, 《近代日本の軌跡9　都市と民衆》(成田
　　龍一　偏), 吉川弘文館, 1993.

岡部垣治・戸瀬信之・西村和雄 編，《分数が出来ない大学生》，東洋経済新報
　　社，1999.

大田堯，《戦後日本教育史》，岩波書店，1978.

大野連太郎，〈教育過剰な母親と子ども〉，《児童心理学》，第17巻 第7号，1962.

小川太郎，《日本の子ども》，教育文庫，1952.

小川太郎・太田堯，〈子どものゆがみと社会の抑圧〉，《教育》第10号，1952 ．

大河内一男，《日本的中産階層》，文藝春秋新社，1960.

尾高煌之助，〈二重構造〉，《日本経済史6　二重構造》(中村陸英・尾高煌之助
　　偏)，岩波書店，1989.

奥地圭子，《不登校という生き方》，日本放送出版協会，2005.

鎌田慧，《せめてあのとき一言でも―いじめ自殺した子どもの親は訴える》，草
　　思社，1996.

河田蜂郎，《会社員給与調べ》，東京経済社，1925.

刈谷剛彦，《階層化日本と教育危機》，有信党高文社，2001.

陰山英男，《本当の学力をつける本》，文藝春秋，2002.

陰山英男・小河勝，《学力低下を克服する本》，文藝春秋，2003.

加瀬和俊，《集団就職の時代》，青木書店，1997.

加藤幸次・高浦勝義 編著，《学力低下論批判》，黎明書房，2001.

菊池城司，〈近代日本における中等教育機会〉，《教育社会学研究》，第22集，
　　1967.

玄田有史・曲沼美恵，《ニート》，幻冬舎，2004.

小山静子，《良妻賢母という規範》，勁草書房，1991.

近みち子，〈私立中学受験の過熱で小学生があえている〉，《教育》，1991.

奏政春，《公立中学校はこれでよいのか》，日本放送出版協会，1992.

沖原豊，《校内暴力》，小学館，1983.

汐見稔幸，《幼児教育産業と子育て》，岩波書店，1996.

沢山美香子，〈教育家族の誕生〉，《〈教育〉–誕生と終焉》，藤原書店，1990.

清水義弘,《子どものしつけと学校生活》, 東京大学出版会, 1983.

杉田初市,〈都会の子ども・田舎の子ども〉,《児童心理》, 第9巻 第8号, 1955.

杉山由美子,《偏差値だけに頼らない私立中学校選び》, WAVE出版, 2005.

大門正克,〈学校教育と社会移動―都会熱と青少年〉,《日本の近代と資本主義
―国際化と地域》(中村政則 編), 東京大学出版会, 1992.

竹内洋,《立身出世主義》, 日本放送出版協会, 1997

竹内洋,〈学歴中流願望の盛衰と合意〉,《家計経済研究》, 2001 夏号.

所澤潤・木村元,〈日本の近代小学校と中等学校進学〉,《東京大学教育学部紀
要》27, 1987.

中村陸英,《日本経済-その成長と構造第3版》, 東京大学出版会, 1993.

中村牧子a,〈新中間層の誕生〉,《日本の階層システムＩ 近代化と階層社会》
(原純輔 編), 東京大学出版会, 2000.

中内敏夫他,《教育―誕生と終焉》, 藤原書店, 1990.

中野光,《戦後の子ども史》, 金子書房, 1988.

中野重人,《学力低下論とゆとり教育―どちらか "出来ない子" に心痛める
教育か―》, 明治図書, 2002.

中村高康b,〈高学歴志向の趨勢〉,《日本の階層システム3 戦後日本の教育社
会》, 東京大学出版会, 2000.

中村高康・藤田武志・有田伸 編著,《学歴・選抜・学校の比較社会学》, 東洋
館出版社, 2002.

ベネッセ教育研究所,《モノグラフ中学生NO. 56 親たちの学校期待》, 1996.

浜田陽太郎,〈日本の近代と教師〉,《教育社会学研究》, 第28集, 1973.

広田照幸,《日本人のしつけは衰退したか》, 講談社, 1999.

広田照幸,《教育言説の歴史社会学》, 名古屋大学出版会, 2001.

本田由紀,〈《教育ママ》の存立事情〉,《シリーズ〈家族は今…〉②親と子：交錯
するライフコース》(藤崎宏子), ミネルヴァ書房, 2000.

本田由紀,《多元化する「能力」と日本社会 ハイパーメリットクラシー化のな

かで》, NTT出版, 2005.

本田由紀, 《〈家庭教育〉の隘路　子育てに強迫される母親たち》, 勁草書房, 2008.

松成義衛・泉谷甫・田沼肇・野田正穂, 《日本のサラリーマン》, 青木書店, 1957.

松丸志摩三, 《しつけの責任は誰に―村の親と教師に語る》, 明治図書, 1957.

松繁寿和, 〈所得格差と教育格差〉, 《経済セミナー》628号, 2007. 7.

山下次郎, 《女子新修身書》(申請本)巻4, 1921.

山崎鎮親, 〈戦後《学力》低下問題における教育意識の構造〉, 《東京大学教育学部紀要》第29巻, 1989.

吉見俊哉, 〈運動会の思想〉, 《思想》第845号, 岩波書店, 1994.

和田秀樹, 《学力崩壊―〈ゆとり教育〉が子どもをダメにする》, PHP研究所, 1999.

和田秀樹, 《〈ゆとり教育〉から我が子を救う方法》, 東京書籍, 2002.

労働統計研究会, 〈戦後日本の《新中間層》について―その統計による分析〉, 《経済行論》6(11), 日本評論社, 1957.

人事院任用局, 《民間企業における定年制度等の実態調査報告》, 大蔵省印刷局, 1956.

《婦人労働者のために―家事講習会の経営》, 岡山県社会課, 1925年10月.

《社会事業研究資料》第5編, 村尾印刷, 1925.

片桐和俊, 〈日本の小学校〉, 《教育学年報2　学校＝規範と文化》(森田尚人他編), 世織書房, 1993.

畠山剛, 《学校が消えた》, 彩流社, 1998.

古関蔵之助, 〈細民街を生活環境とする子供等〉, 《今日の子供を如何に教育すべきか》(日本児童社会学会　編), 刀江書院, 1936(復刻版：児童問題史研究会監修, 《現代日本児童問題文献選集17》, 日本図書センター, 1987）.

坂田トモミ, 〈小商売の母の悩み〉, 《児童》創刊号, 1934年 6月.

樋口光雄, 〈農村社会における教育観の研究〉, 《全国教育研究所連盟年報》第6号, 1965.

田中一生, 〈天草, 出稼ぎ村における良心の教育的関心〉, 《熊本短大論集》, 第10号, 1954.

武田晴人, 《高度成長 シリーズ日本近現代史⑧》, 岩波書店, 2008.

高度成長を考える会, 《高度成長と日本人PART 2 家族の生活の物語》, 日本エディタースクール出版部, 1985.

朝日新聞社 編, 《朝日年鑑》.

重兼芳子, 《女房の振り椅子》, 講談社, 1984.

レトロ商品研究所 編, 《国産はじめて物語》Part1・Part2, ナナ・コーポレート・コミュニケーション, 2003〜04.

岩崎爾郎, 《物価の世相百年》, 読売新聞社, 1982.

経済審議会 編, 《経済発展における人的能力開発の課題と対策》, 1963.

氏原政治郎・高梨昌, 《日本労働市場分析 上》, 東京大学出版会, 1971.

日本経営者団体連盟勤労少年問題小委員会編, 《青少年の労務管理》, 1963.

広崎真八郎, 《日本女子労務管理史》, 渓水社, 1967.

江原正治郎・高橋昌, 《日本労働市場分析・上》, 東京大学出版会, 1971.

毎日新聞社会部, 《あのうたが聞こえますか──戦後50年歌物語》, 音楽之友社, 1995.

法務省人権擁護局監修・人権実務研究会(編), 《不登校児の実態について：不登校人権実態調査報告結果》, 1989.

文部科学省初等中等教育局児童生徒課, 《生徒指導上の諸問題の現状と文部科学省の施策について》, 2005. 3.

連合総合生活開発研究所, 《戦後50年 産業・雇用・労働史》, 1995.

小川利夫・高沢武司編著, 《集団就職 その追跡研究》, 明治図書出版, 1967.

労働省婦人少年局, 《印刷及び製本業に使用される少年労働者の実態調査》, 1959.

松本知次郎(労働省雇用安定省)，〈新規学校卒業者の職場適応について〉，《婦人と年少者》(婦人少年協会 1962年 6月号).

大阪労働協会，《月刊労働》，1962年 10月.

佐々木亨，〈高校教育の拡張と能力主義教育政策〉，《現代学制改革の展望》(小川利夫・江藤恭二 編)，福村出版，1982.

中西新太郎，〈子ども〉，《現代日本社会論》(渡辺治)，労働旬報社，1996.

中西新太郎，〈受験競争から教育競争へ〉，《日本の現代史28　岐路に立つ日本》(後藤道夫)，吉川弘文館，2004.

新堀通也他，《学歴意識に関する研究調査》，広島大学教育学部教育社会学研究室，1965.

森田洋司，《《不登校》現象の社会学》，1991，学文社.

李貞淑，〈教育ママ言説の役割〉，《国際文化研究紀要》(横浜市立大学) 8，2002.

二関隆美，〈母親の教育態度と子どもとの関連－教育ママの子はどんな子か－〉，《青少年問題研究》19，1971.

山崎鎮親，〈戦後社会の変貌のなかでの子育て・教育システムの変容―身上相談の悩み・相談から―〉，《企業社会と偏差値》(中内敏夫・久冨喜之)，藤原書店，1994.

山田昌弘，《新平等社会》，文藝春秋，2006.

山田昌弘，《希望格差社会》，筑摩書房，2004.

李貞淑，〈子育てにおける勉強の位置に関する考察―50～60年代の教育雑誌の教育相談欄の分析から―〉，《子ども社会研究》11号，2005.

李貞淑，《教育競争と親の教育態度・意識―高度成長期以降の変容》，横浜市立大学大学院国際文化研究科，博士学位論文，2010.

乾彰夫，《日本の教育と企業社会》，大月書店，1990.

城山三郎，《素直な戦士たち》，新潮社，1978.

小林亜子，〈育児雑誌の四半世紀〉，《現代のエスプリ342》(大日向雅美・左藤達哉)，至文党，1996.

松本克美, 〈企業と採用　学歴社会は生きている〉,《就職　その虚像と実像》(小中陽太郎 編), 現代評論社, 1980.

新堀通也, 〈落ちこぼれ考〉,《理想》第548号, 1979年 1月.

野垣義行 編,《日本子どもの歴史7 現代の子ども》第1, 法規出版, 1977.

柿沼昌芳・永沼恒雄,《校内暴力》, 批評者, 1997.

堀久, 〈校内暴力の実体とその考察〉,《ジュリスト》, 1981・4・15　No. 738.

宮島理,《就職氷河期時代が辛酸をなめ続ける》, 洋泉社, 2007.

無着成恭,《山びこ学校》, 岩波書店, 1995.

岩脇千裕, 〈高度成長期以降の大学新卒者採用における望ましい人材像の変容〉,《教育社会学研究》(日本社会学会 編) 第74号, 309〜327.

吉田文, 〈戦前期中等教育における教養と学歴〉,《東京大学教育学部紀要》第29巻, 1989.

市川須美子,〈校則裁判の現状と課題〉,《日本教育法学会年報》, 24. 1995

文部科学省, 〈児童生徒の問題行動等生徒指導上の諸問題に関する調査〉,《生徒指導資料第1集(改訂版)》, 2012.

ベネッセ教育研究所, 〈家庭環境学力〉,《教育アンケート調査年鑑》, 2001.

Benesse教育研究開発センター, 〈小学校英語に関する基本調査−保護者調査〉,《教育アンケート調査年鑑》, 2007.

コアネット教育総合研究所, 〈中学校における教育に関する保護者の意識アンケート〉,《子育て・教育　子どもの暮らしのデータ集 2004》, 生活情報センター, 文.

일본 교육 100년의 선택

공부 잘하는 아이의 부모 되기

2014년 3월 15일 초판 1쇄 발행

지은이 | 이정숙
펴낸이 | 노경인

펴낸곳 | 도서출판 앨피
출판등록 | 2004년 11월 23일 제2011-000087호.
주소 | 우)120-842 서울시 영등포구 양평동 2가 37-1 동아프라임밸리 1202-1호.
전화 | 02-336-2776   팩스 | 0505-115-0525
전자우편 | lpbook12@naver.com